旅する美

白洲信哉

目次

第一章

聖地巡礼

八幡の故郷 宇佐

其の1

全国四万社あるという八幡社の総本宮大分県の宇佐神宮。神亀二年（七二五）、八幡大神（応神天皇）をご祭神に創建され、ご神託により、地元神である比売大神、応神天皇の母である神功皇后がそれぞれ祀られた。宇佐八幡宮神託事件（七六九）を歴史の授業で知った方も多いだろう。その歴史息づく宇佐を訪ね、日本文化の原風景を考えます。

宇佐神宮裏手にそびえる山々の風景

小学校三年から十年程、鎌倉、鶴岡八幡宮二の鳥居の傍で暮らしていた。また、祖父母が長らく八幡宮裏手の山上に居があったこともあり、高学年になると大晦日、除夜の鐘をつき、大勢の参拝客でごった返す八幡様へ。たびたび裏参道から失敬して初詣、決まって魔除けの弓矢を携えていた。当時「弓矢八幡」と呼ばれていることや、神のお使いが、有名な土産サブレーのモデルになったこと、まして全国に四万社あるという八幡様の親分が宇佐であることなど知る由もなかったが、僕は八幡様とずっと親しかった。

高校の夏休み、由布院温泉への道中、初めて宇佐神宮へ。その後も国東の道草に参拝、だが目的のある訪問でなかったこともあり、宇佐は長らく未知の土地だった。奈良時代、聖武天皇の国家事業である東大寺大仏建立になぜ宇佐の八幡様が必要だったのか？　僧形をした神像はなぜ八幡神像と呼ばれるのか？　文献ではなく、フィールドワークを頼りにしているのだが、この夏、その機会が巡ってきたのである。

◎宇佐神宮の宝物

国東半島、豊後水道に面する大分空港から、四輪駆動車を借り（理由については後に述べる）、宇佐インターチェンジまで小一時間。大分県立歴史博物館の稗田学芸員との約束のため、まずは宇佐神宮で近くにある博物館へ向かう。宇佐神宮で十年に一度の臨時奉幣祭（勅使祭）や本殿修理完了による「遷座の儀」など重要な行事が行われるのを機に、宇佐神宮のご神宝が特別陳列されることになったのである。

博物館入り口には、総高八メートルと厚肉彫では日本一大きな磨崖仏《まがいぶつ》である熊野磨崖仏や、奥州藤原氏の中尊寺金色堂、宇治の平等院と並ぶ阿弥陀堂で、九州最古、藤原期国宝の建造物である富貴寺大堂と、レプリカだが原寸大の立派な展示に、同じ国東に伝わる修正鬼会《しゅじょうおにえ》や、八幡奈多宮のご神像を巡った旅を思い出した。

八幡奈多宮は、大分空港から目と鼻の先の、白砂青松の海岸沿いに鎮まっている。収蔵庫の中は正面に、比売大神を中央にして、右に僧形八幡像、左に神功皇后像が鎮座していた。いずれもカヤの一木造で、その名の通りの面影がみてとれる。小ぶりな比売大神は、八幡神が来られる以前の地場の神様らしく、松尾大社の女神像のように髪を結い上げ優しいお顔だった。白土が美しい神功皇后は、三韓征伐の神話からであろう、宝冠を被り、息子である応神天皇を見守っているようであった。

僕は、奈多の神像とともに有名な、五体ある重文の若宮神像を、と期待に胸を膨らませたが、展覧は能面を中心にこじんまりと観覧、隣接する「宇佐八幡の文化」という常設にて、八幡様に思いを巡らせた。宇佐神宮の古図を基に、分かり易く作られた模型には、七三八年に建立された神宮寺である弥勒寺があり、五重塔などを配していた。たびたび記すが、明治の廃仏毀釈は、千百年以上続いた神仏習合の歴史をこの地においても破壊したのだ。

上：弥勒寺に残る礎石
下：御許山頂上の大元神社境内(宇佐神宮奥宮)。御祭神は比売大神三柱。宗像大社と同じ、多岐津姫命（たぎつひめのみこと)、市杵島姫命（いちきしまひめのみこと)、多紀理姫命（たぎりひめのみこと)。八幡神以前より鎮座していた地主神として祀られている。

◎宇佐神宮「御神幸祭」

宇佐神宮へ向かう。鎌倉時代に呉の国人が寄藻川《よりもがわ》に架けた伝説の呉橋が架かる西側の参道から入った。すぐの右手には、弥勒寺の礎石が残るだけだが、往時とかわらぬ基本配置を確認する。手を清め、夏越祓《なごしばら》えの代名詞である「茅《ち》の輪《わ》」を、定石通りくぐってみる。そう、毎年この時期に行われる、古くは、「御祓会《おはらいえ》」と呼ばれた「御神幸祭《ごしんこうさい》」の初日なのだ。

昨今はパワースポット人気もあり、参拝者も増えてはいるが、神様は常駐しているのではなく、依代《よりしろ》に降りるもの。僕がお祭りを大事にしているのは、祭事にこそ、そのお宮のカミの正体が垣間みられると信じているからである。

左に曲がると最後の鳥居があり、右手を行くと御炊殿《おいどの》である下宮がある。石段をあがると、上宮の社殿が奥宮の方向を向き、むかって左から、一之御殿・八幡大神、二之御殿・比売大神、三之御殿・神功皇后と横一線に並んでいる。基

御許山の宇佐元宮・大元神社参道

本、社殿は八幡造りであり、前後二棟の同形の建物がくっついて、ユニークで華麗。何よりも、二之御殿の中央が、拝殿の軒がせり出して、大きく見えるのが興味深い。先に記した八幡奈多宮のご神像も、この社殿の順番通りに並んでいたように記憶しているが、主祭神の住まいが、小さく、真ん中でないのはなぜだろうか。

　僕は歴史のある地の源というか、その土地の地主神、古くからの支配者、原住民のような部族が気になる。神社で言えば、多くの奥宮に見られる自然信仰の木や瀧、石などのご神体。社殿信仰成立以前のあり方に惹かれる。宇佐神宮の奥宮のご神体は、上宮の南西方向五キロにある御許山《おもとやま》（大元山）頂上の巨石である。奈良の三輪山の山そのものがご神体なのと同じく、自然素材がそのまま祀られているのである。

上：ご神体が御神輿へ遷される。
中：毎年7月27日以降の金土日に御神幸祭（御祓会）が行われれ、御神輿に乗って神が頓宮（仮宮）に神幸し、3日2夜滞在して還幸する。
下：ご神体が入った証として白い布が巻かれ、本殿から出る御神輿宇佐神宮から国道を、西屋敷駅付近から右手に逸れ、細い道を進んで行くと、やがて集落はなくなり、未舗装に。ゴロゴロした石と、急坂の難所が続く。予感的中、レンタカーを四駆にして大正解、グイグイと上がって、鎖が張られた行き止まりまでたどり着く。簡単に記したが、運転に自信のない方にお薦めはしない。十分程歩くと、木々が途切れ、平らな原っぱに。そこには、ご神木と奥宮の小さな社殿が建っていた。社殿の裏手は、鳥居まで鉄柵で仕切られ、徹底した禁足地になっていて、無論、巨石群は確認出来ない。それでも覗こうと一歩踏み出すと、蝶やトンボがどこからかやってきて、得体の知れない鳥や虫の声が、侵入者の存在を知らせているかのようだった。沖縄の御嶽《うたき》で、同じような体験をしたことがあるが、彼らは、「キタキタ」と鳴き声で合図しているように思えた。青天なのにカミナリのような音がして、いよいよ妖しげに。三輪山のような、おびただしい磐座《いわくら》を拝むことはかなわず、不思議な空間から足早に退散したのだった。

僕は、社殿の真中に比売大神が位置するのは、お宮の歴史を語っているような気がする。真っ平らな頂上から、下界に建てられた社殿に神様たちが鎮まるまで、支配者たちがその都度都合のいい解釈をする。それは現代政治をみればよくわかる。石がご神体という信仰のかたちは最も古い形式で、便宜上のちの支配者を名だけ一之御殿にし、元来の神が真中に座る位置がそのまま残ったように僕には思える。

御許山をはじめとする、宇佐の背後に連なる山々は水を貯え、寄藻川や、駅館川《やっかんがわ》などを経て、平野に広がり、まさに豊の国。神山の麓にある大水田地帯を潤している。御許山の水を蓄えた木々が源であり、頂上に女神が降り立ったのだろう。神体山はピラミッドのような円錐形が多いのだが、天と地、心霊と物霊の橋懸かりが神山の頂であり、原始という、有史より途方もなく長い時間をかけ、成熟したのではあるまいか。

夕方、上宮三殿の参拝の後、ご神体を御神輿に遷す行事や、祭りに参加する男たちの参拝を眺めていると、みな四拍で、不思議に思って尋ねると、ここでは昔から四拍だと教えてくださる。二礼二拍が決まりのようにしているが、伊勢神宮の正式は八拍。大事なことは形ではなく、参拝の心持ちと昔からのしきたり、そして社を取り巻く社叢なのだ。昨今はその大事なことを忘れてはいないだろうか。僕はもう一度四拍手参拝した。

　西日は強くなり、欧州帰りの身に、日本の夏はサウナだと実感しつつ、南中楼門中の、淡々とすすむ儀式を開かれた回廊扉ごしに、つぶさに拝見する。まずは、一之御殿のご神体が神輿におさまると、次は二之御殿かと思ったら、社殿は渡り廊下で繋がっていて、続く第二、第三の御殿のそれも、一之御殿から搬出！されたのだ。合理的と言うか、かつて、大分の豊後高田にある富貴寺や、真木大堂の取材でも感じたことだが、南へ来るにしたがい、人は明るく、物々しさとは無縁、開放的になるようである。

　神輿は先陣争いをするため別名、「けんか祭」と聞いていたが、三つの神輿は、担当のグループが規則正しく、順番に石段を降りて行った。三体の神様は、仮殿（御仮屋）である頓宮で二泊し、日曜の同じ頃にお戻りになるのである。

　翌日、稗田学芸員推薦の宇佐神宮縁の二カ所を巡る。和間《わま》神社は宇佐神宮の北東、豊後高田に近く、一帯は大水田で、桂川から流れ込む支流に、正確には川の上に本殿があり、由緒にある神武天皇東征や、神功皇后三韓征伐の寄港地の面影が垣間見える。由緒によると、七二〇年隼人の反乱を鎮めるため、八幡神は中央の軍隊として参加し武勲をあげたが、隼人の怨みを買うこととなり、それを鎮めるための慰霊祭が、勅祭としてこの地で行われたのが始まりという。宇佐神宮の大小合わせて百五〇ほどある年中神事の中でも大事なこの仲秋祭《ちゅうしゅうさい》は、かつて放生会《ほうじょうえ》と呼ばれ、捕られた生き物を放してやるという仏教的な行事名がついている。神相撲や舞楽、雅楽など華美荘厳な神事は、八世紀初めからの隼人の抵抗が激しかったことがうかがえる。

薦神社／神池

　次の薦《こも》神社は、お隣の中津市にあり、別名大貞八幡と

和間神社／浮殿

も呼ばれ、宇佐の元宮であるとも伝えられている。境内は鬱蒼とした杜だが、昨今の例外なく、自然を神と見なくなったのだろうか、所々荒れている。だが、景観を差し引いて尚も、第一級のお宮だと僕は思う。かわった形をした楼門から、流造《ながれづくり》の美しい本殿は助走であり、ここは外宮といい、内宮である三角池の鳥居の袂から眺めれば、異世界への入口に居るような感じすらある。池そのものがご神体で、睡蓮や蓮のほかあらゆる水草を浮かんでいて、その主役が真菰であるが、僕には判別不能だ。

　さきの隼人《はやと》の反乱では（ここでは七二〇年）神輿にこの真菰《まこも》で造った枕型の御験《みしるし》を乗せ鎮圧に向かったという。これを薦枕といい、六年に一回新調し、八幡神と縁のある社を、同じように神輿に乗せ巡回し、宇佐神宮に納められ、古くには、奈多宮から海に流す特殊神事（今は行われていない）を、行幸会《ぎょうこうえ》といった。

　ここまできて僕は、八幡様が東大寺の客人《まろうど》となった意味が何となくわかったように思う。その後の、七四〇年藤原広嗣の乱平定に、またもや八幡神が参加し功績をあげたわけだが、一連の国家統制の第一の功労者が八幡神で、そのご褒美が中央進出だったのだ。聖武天皇没後から藤原仲麻呂が失脚するまで、一時八幡神は姿を消すが、有名な道鏡事件で国家の守護神に復権し、平安京から源氏へと盤石なものとなっていった。「神託」と言えば「宇佐」を指したのである。

神託す。「古吾は震旦国（中国）の霊神なり。今は日域（日本）鎮守の大神なり。吾は昔は第十六代の帝皇なり。今は百王守護の誓神なり。先には独数万の軍兵を率し、償って隼人を殺害して、大隅・薩摩を平けり。後には此等の生類を救はん為に、三帰五戒を持んと思ふ」てへり。

七四八年『八幡宇佐宮御託宣集』

　神仏習合とは、すはわち外来神と、地主神との握手、同盟であり、国の成立には欠かせないものだったのである。

東国の要 伊豆山

〔いずさん〕

其の2

泉都、熱海の北部に位置し、海岸際から温泉が走るように湧き出ていたことから走湯の名がある伊豆山。海岸から続く石段の参道を登れば、源頼朝が源氏の再興を祈願するなど、伊豆大権現の名で信仰を集めた伊豆山神社がある。奈良国立博物館では、伊豆山権現立像を修理した縁で、「伊豆山神社の歴史と美術」展が開かれた。東国の守護神、伊豆大権現のもとへ訪ねます。

伊豆山神社本宮社から見る初島

二〇〇九年、東京国立博物館に於いて開催された「伊勢神宮と神々の美術」展で、ひと際異彩をはなっていた長身の男神像（21頁）があった。古くからカミにはかたち、姿はなく、憑依するものだった。神社に祀られ、坐すものではなく、依り代やお祭りのときなどに降りてこられた。仏教が伝わると、神々の側にも偶像崇拝的な必要性に迫られ、社が建設され、鏡などがご神体になっていく。そのような中で制作されたご神像をみると、崇め奉る仏とは違って、親しみが感じられるのは、身近にいたお爺さんやお婆さんなどをモデルとしたからではないだろうか。仏像に対抗しつつ、カミの姿を模索したからだと僕は考える。

伊豆山の男神立像は、冠を被っているが、垂れた眼や眉、額や口元にある皺など、何かを悟ったとか、威厳があるのとは対照的なお姿で、この地域のカミとして、いい相談相手のような、伝説的な仙人をモデルにしたかのように思える。

子どもの頃、鎌倉八幡さまの参道近くで育ったためか、お正月を伊豆山の隣町、湯河原の温泉宿で過ごした故なのか、頼朝の足跡とも重なる伊豆山に、僕は親しみがある。神々が少ない東国において、長らく湯治場として知られている熱海という「暖かな海」という地名とも無関係ではない。伊豆山とは、温泉という自然からの恵みにカミが斎《いつ》いた地なのだ。

境内は今も豊かな木々に包まれて鎮まる。

僕は、いつも通り伊豆山神社へのお詣り前に、元宮である本宮社へ立ち寄った。山宮、里宮、田宮の定番セットに当てはめるなら、山宮が本宮であり、里宮が伊豆山神社、そして田宮が上陸地点である走湯《はしりゆ》だと僕には思えた。本宮からは初島、その先に大島が見え、キラキラ海面にはブルーの参道があるかのようだった。第一印象が大切だと思うのは、古来から大きくは変わらない地形、自然景観というのは、歴史に記されていないことを直覚出来るからだ。

世界遺産に登録となった宗像《むなかた》や、近江の琵琶湖にある竹生島《ちくぶ》。近江八幡と沖ノ島などいずれも海神に斎いた三女神のように見えてくるのは、海からの美女三姉妹の伝

男神立像／木造／彩色／平安時代（10世紀）／像高212.2cm／重要文化財／伊豆山神社蔵

右：銅造伊豆山権現立像／像高48.8㎝／鎌倉時代／伊豆山権現像の優品だが、奈良文化財研究所が保存修理を行う前は全身に腐蝕が広がり、特に面相部は分厚い錆に掩われていた（左上写真参照）。修理の結果、下層から造立当初の顔立ちが現れ、鍍金も多く残っているなど、大きな成果を得た。
左下：伊豆山権現立像／銅造／明徳3年（1392）銘 像高93.0cm／伊豆山神社蔵

説と重なるからだ。のちに訪ねた、伊豆山神社の原口尚文宮司の「沖に出ると、伊豆山の背後にのぞむ富士が、それは美しいのです」との言葉を受け、初印象はだんだん深化していく。

日金山《ひがねさん》地蔵堂（十国峠辺り）には、伊豆山を開いた三仙人の宝篋印塔《ほうきょういんとう》が並んでいる。伊豆山を開いた松葉仙人に、伊豆辺路を開いた木生仙人、そして金地仙人と、異国「高麗」の匂い漂うこの地に降り立った三神人。伝説にせよ、物語にはなるべくしての必然がある。平安時代に入り、初めて富士登頂を果たし、富士修験の開祖とされる末代上人（一一〇三年〜？）は、走湯の出身であり、海岸から伊豆山神社まで、八三七段ある古い参道は、海から続く神道なのだ。それは富士への道であり、神体山信仰なのだ。

この旅で、伊豆山権現像というのを知った。鎌倉時代の、全身緑青に覆われていた伊豆山権現立像（22頁）をこの度保存修理し、初公開となったのだが、もう一体の銘文がある像（22頁左下）と同じく、体は丸みを帯び、穏やかな貴人の服装を身につけた神像である。烏帽子をかぶり、袈裟をつけているところから、僧形八幡のように、この像が神仏習合のご

うっそうとした木々に包まれた
伊豆山神社 本宮社。

神像であることを示しているのだが、この地独特の姿から、いかにこの権現信仰が広まっていったかがよくわかる。古来から力があった地には、それに相応しい「美」があるのである。

上に掲載した北野縁起絵巻や、快慶作の宝冠阿弥陀如来坐像（25頁）は、奈良博の展示には出品されていないが、かつてこの地にあった遺物として、往時を物語っているように思う。源頼朝は、伊豆山神社を箱根権現とともに二所権現とし、関東鎮護の霊場として、最盛期には六十四もの僧坊、修験坊があり、伊豆半島一周の、回峰行場があった。四千余りの僧兵もいたという。その後、秀吉の小田原攻めで大きな打撃を受けるも、家康が、高野山の僧快運を迎え、復興にあたらせ、総鎮守として庇護した。

たびたび記しているが、明治の廃仏毀釈は、日本が初めて一神教として歩むため、前政権である徳川の権現信仰を目の敵とし、各地の修験を中心とした寺は破壊され、明神や牛頭天王等は、神社として生き残った。日光、富士、吉野……、伊豆山は、関東の総鎮守ということも影響したのであろう、般若院をはじめてする僧坊は破壊さ

れ、記録等も焼かれてしまった。

だが、古図とぴったり重なる参道や、海への、または海からの眺めに、伊豆山や走湯、熱海といった古くからの地名が、この消された歴史を、蘇らせてくれる。だから、地名は大切なのである。本殿に祀られているかのご神像(21頁)は、今回拝観は叶わなかったけれど、「いったい人間は何をやっておるのか」と、キラキラ輝く海を眺めつつ、渡来のカミが関東の守り神として今もにらみをきかせているように思う。神仏習合の以前から、わが国土に斎いたカミと、縄文からのアニミズム的な在来の神々が交わり、国を形作ってきたのである。「和をもって貴し」ではないけれど、今を生きる知恵が、歴史の鏡の中にあるのだと思う。吾妻鏡も読み返してみたい。

右：北野天神縁起絵巻／地獄邂逅／江戸時代まで伊豆山神社が所蔵。現在はアメリカ・メトロポリタン美術館蔵。

左：宝冠阿弥陀如来坐像／快慶作／伊豆走湯山常行堂に納められていた／重要文化財／広島・耕三寺蔵

円空の淵源　白山

其の3

円空は江戸時代の寛永~元禄という、経済と文化が興隆した華やかな時代を生きた。だが円空は浮かれる世間に背を向け、日本各地を巡り、険しい山中へ分け入った。それはたった独りで鎮護国家を行なっていたようなものだった。政治・経済・文化のすべてが行き詰まってきた現代日本の美術ファンに、いまこそ円空さんが刻み遺した想いを伝えられればと、円空展を訪れた。

金剛力士（仁王）立像／吽形
／江戸時代・17世紀／総高
226.0cm／千光寺蔵

取材で、世田谷の閑静な住宅街にある古美術商の自宅に、当時まだ小学生だった愚息を連れて行った日の事だ。階段を下りて行くと、薄暗い部屋の片隅に、小さな木彫が置かれていた。一目で円空仏だとわかった。主人が近寄ってきて、「僕の師匠の命日に手向けているんですよ」という。円空の特徴である荒々しく力強い彫りは、背面までしっかりあり、あの悲しげな微笑みでこちらを見ていた。小さいのに彫りはしっかり状態も良いのは珍しいな。と思っていると、傍らにいた愚息が、つないでいた僕の手を振りほどき、驚いた行動にでる。高いところに置いてあるそれを、つかもうとしたのだ。僕はそれを制すると、二人の会話を聞いていたのか、「エンクウさん、エンクウさん」と呟いた。きっと玩具と間違えているのだろうが、僕が、「欲しいのか」というと、「うん」と頷くではないか。主人は「これは親父(師匠)の形見なので」とすまなそうにいうが、値を付けられて困るのは僕なのである。あのとき彼は何を思ったのか、ふとその事を思い出し、今年大学にあがる愚息に聞いたが、やはり何も覚えていなかった。だが、以来彼はこの古美術商の事を、「エンクウさん」と呼んでいる。

僧侶で仏師円空の展覧会が開かれている。人気が高く、ご存知のかたも多いだろう。江戸時代初頭、島原の乱がおこった一六三二(寛永九)年に岐阜で生まれた。円空の研究が盛んになったのは敗戦後の事。諸説あり、円空没後の早い時期に書かれた伴蒿蹊の『近世畸人伝』には次のように記されている。

僧円空は、美濃国竹が鼻といふ所の人也。稚きより出家し、某の寺にありしが、廿三にて遁れ出、富士山に籠り、又加賀白山にこもる。ある夜白山権現の示現ありて美濃のくに池尻弥勒寺再建のことを仰たまふよしにて至りしが、いくほどなく成就しければ、そこにも止らず、飛騨の袈裟山千光寺といへるに遊ぶ。(中略)この国より東に遊び、蝦夷の地に渡り、仏の道しらぬ所にて、法を説て化度せられければ、その地のひとは今に至りて、今釈迦と名づけて余光をたふとむと聞ゆ。後美濃の池尻にかへりて、終をとれり。美濃飛騨の間にては、窟上人といひならへるは、窟に住む故かも……

両面宿儺坐像／江戸時代・17 世紀／総高 86.9cm ／千光寺蔵

雪におおわれた白山

円空は、富士山、白山、さらに蝦夷まで足をのばし、各地の霊山で修行した修験者である。験《げん》を修する道。験とは「験力《げんりき》」の事で、山中にわけいり修行する事によって、超自然的な霊力が、五体にすり込まれていく。神通力、もう死語かもしれないが、山に伏し野山を駆け巡る事で、肉体がある極限状態になると、修験者の眼の前には、人智をこえた神仏や曼荼羅が出現するのだという。修験者が「観《み》えた」瞬間を「感得」というのだが、自分自身でしか感じられない「道」なのである。

円空は土地土地で「観えた」仏の姿を刻んだ。本展の中心である千光寺に円空が訪れたのは、晩年の円熟期であった。おびただしい数の造仏は、この地をいかに愛したかを如実に物語っている。そして、円空は飛騨の地主神・両面宿儺《りょうめんすくな》（29頁）を、「感得」したのである。東京国立博物館の会場奥の真ん中に、その像が鎮座している。斧を持ち迫力にみちたこの像から、円空の息づかいが聞こえてくる。飛騨、とは一体どんな土地なのか、ここで飛騨の事に詳しく述べる紙幅はないが、円空は信仰の強弱はあれ、土地に根差した固有の神々の姿を刻んできたのである。

諸国遊行し、生涯十二万体という途方もない数の異形な神仏像を刻んだ謎多き仏師円空だが、制作年代がはっきりわかる最も古いものが、同じ岐阜県郡上市美並の神明神社蔵神像三体（32頁）である。寛文三年の棟札に、「円空修造之」と記され、美並にはこの作品を含め、総数百五十点近くもの作品が伝わっている。中でも僕は八面荒神像に目を奪われた。寛文五年西神頭氏蔵とある。荒神そのものであるが、敷設された手すりにつかまり低い位置から拝むと、眼の凄みが増して見えてくる。これぞ円空が最初に「観た」荒神の姿ではなかったか。円空は美並の白山信仰の拠点であった洲原神社で、長らく神主を務めた西神頭家に身を寄せ、一説には同村の粥川寺で得度したとも言う。同村に残る仏像の背銘には、白山の神から神託を受けた事も記されている。

白山は富士、立山と並ぶ日本三大霊山に数えられている。福井、石川、岐阜三県の県境にまたがり、大汝峰、御前峰、別山と称する三峰の総称だ。つまり白山という固有の山名はなく、富士や立山が男性的であるのとは対照的に、冬は真白に雪を冠り、静かな女性的神山である。古代より、人は水を神聖視したが、白山は、越前の九頭竜川、美濃の長良川、加賀の手取川それぞれの源流にあたり、山のカミ、水のカミと密接な関係にある十一面観音が、白山の本地仏となり、独自の白山信仰圏を形成していった。

白山開山である泰澄大師は、役小角と並ぶ修験者の開祖であり、この地で生まれ育った円空が、彼を師と仰ぎ、白山を信仰したのは自然な事であっただろう。事実円空は、数多く十一面観音像を刻んでいる。地図もない時代において、また山中他界の思想が根付いた民族にとって、山は目印であり、祖先の魂が降臨する聖地なのだ。円空は白山の真っ白な頂きに、母の、祖先の魂をみたのではあるまいか。飛騨の冬は長く、雪に閉ざされている。円空は、ノミの音しか響かない、深々とした新雪の中で、独り立木と向き合い、時には洞窟に籠り、白銀の世界の中で、自分の色を染めてきたのだと思う。

あるかたが、平安仏と比べ、円空仏を「稚拙」と言っていたが、仏を彫刻的な側面からだけ見た論だと思う。円空は修行が第一義で、彫刻はその造仏の行為に重きがあり、結果は二の次だったのだ。円空は、土地の神々を鎮めて歩いていた。大峯、日光、恐山……、都の仏師のような注文品を造っていたのではない。

先に記したが、円空は治安不安定な蝦夷にも渡っている。一六六三年には、有珠山が大噴火をおこし、半年もの間爆発を繰り返したわずか三年後、円空は、洞爺湖に浮ぶ観音島に渡る。今は朱色のお堂がひっそりあるだけだが、有珠山へ「始山登」した円空は、噴火して荒れ狂う山の神様を鎮めようと、火山を目の前に仏を刻んだ事実に、僕は胸が熱くなった。円空の足跡を追っていると、現世利益を願う人々に、仏像を彫っただけではなく、自らの肉体を解き放ち、湧き出る力を像に込め、土地の平穏をも祈ったのだ。言い換えるなら鎮護国家を、個人で

神像／江戸時代・17世紀／総高16.0～42.0cm／神明神社蔵／各像背面には梵字と神名の墨書が記されている。

こちらは円空の生誕地ともいわれる岐阜県郡上郡美並の神明神社（右）とその前を流れる矢納ヶ渕（左）。この流れが粥川へと注いでいる。
撮影：沓向幸昭

していたのである。その二十年ほど前、函館北部の駒ケ岳も大規模な噴火をおこしている。やはり円空は、その旅で駒ケ岳にも籠り、修行の証しとして麓の内浦神社に聖観音を奉納している。円空渡来の目的の一つは、荒れ狂う山の神を鎮め、亡くなった人々の往生をも祈るためだったのは明らかだろう。

修験者、山伏は、昔話や伝説に登場し、杖をもち首から大きな緑の玉をさげ、頭に黒く小さな帽子のようなものをつけた異風の容姿だった。牛若丸の片腕である弁慶といったらおわかりだろう。仏教行事に登場し、お経を唱えながら、木で組みあげた火の中に、版木をくべる大護摩のような行事に、なくてはならない裏方である。表の僧侶を裏で支える役目で、落人や密使などに化け、跋扈した異端のもの達だった。

修験の学問的な定義は、「日本古来の山岳信仰に、神道や外来の仏教、道教、陰陽道などが混淆して成立した日本固有の民族宗教」だというが、山岳信仰のみならず、医学や鉱脈につうじ、地方への情報伝達や文化の伝播に、欠かせない存在だった。成立は飛鳥から奈良朝にかけて、吉野大峯の役行者や、白山の泰澄大師が登場した時期である。現在一億二千万八百万のうち僧侶はおよそ二十二万人というが、明治維新には、約三千三百万の人口の、なんと十七万人が山伏だった。単純に人口比率から考えると、明治初年においては、現在眼にする僧侶の三倍もの確率で山伏が存在していた事になる。「固有の民族宗教」であるにも関わらず、我々と馴染みのないのは、神仏分離に続く明治五年に施行された「修験道禁止令」により、山伏は国家によって強制的に山からおろされ壊滅的打撃を受けたからだ。

大事なのは、元禄文化という日本の文芸復興期に円空が古に還ったことではないだろうか。鎮魂を忘れ、祈りもせず、己の都合だけ優先し、自然は征服できる、と思い込んでいる現代人。僕には、あの微笑が、我々への悲

狛犬／江戸時代・17 世紀
総高 54.0cm ／千光寺蔵

しみと皮肉の微笑にうつってならない。験力なんていうのは、科学がすすんだ現代では信じ難い事だが、身体の極限にせまる苦行をおさめた山伏に、人力がこえる何かがそなわると僕は信じている。自然から離れ、鈍感になった現代人に一番欠けている事だ。数値化できないことを「信じる」という作業を、少しずつでも取り戻していきたいと思う。

話を会場に戻す。会場構成は綿密な計画のもとに配置されただけではなく、高さにも留意し、背景に飛騨の森をさりげなくそえている。千光寺の大下ご住職と、浅見学芸員のご苦労のあとがうかがえる。会場を巡っていると、円空の木魂が強く迫ってきて、生きものがいるようだ。祈念に充ちたいい展覧会だと思う。

円空さんの事に思いを巡らせていると、馴染みの古美術商で、非常に珍しい円空仏にお目にかかる。如意輪観音像。冒頭に記した、あのとき愚息がつかみそこねた位の大きさだ。竹製のものまである。どちらかを入学祝いに、と思ったけど、大事にしてくださるかたにお譲りすることにした。出会い、そして発見。これがこの世界の醍醐味だ。

十一面観音菩薩立像／元禄 3 年（1690）／総高 100.0㎝
桂峯寺蔵

海神の本拠

宗像〔むなかた〕

自然そのものを信仰対象とし、畏怖と、崇敬の念を持ち、身を委ねてきた我々の祖先。四海を海に囲まれ、七千弱もの島々から成るニッポンにおいて、沖ノ島そのものがカミサマ、神体島なのである。周囲約四キロ、博多から、また対馬から八十キロ弱の玄界灘に浮かぶ絶海の孤島である。全島原生林で覆われ、最高峰の一ノ岳（二四三メートル）、所々に白い石英斑岩が露出している。縄文時代前期から人々が営みをはじめ、倭から日本へ発

其の4

展して行く過程で、美しい三姉妹が降り立ったのである。

其の先に生れし神、多紀理毘売命は、胸形の奥津宮に坐す。次に市寸島比売命は、胸形の中津宮に坐す。次に田寸津比売命は、胸形の辺津宮に坐す。此の三柱の神は、胸方君等の以ちいつく三前の大神なり。

『古事記』

ここにみえる奥津宮《おきつぐう》が沖ノ島を指し、大島には中津宮《なかつぐう》、九州本土の田島に辺津宮《へつぐう》と、それぞれ三女神が坐っている。中でも沖ノ島は、一名〃不言様《おいわずさま》〃と呼ばれ、島で見聞きした一切の事柄を口外する事を封じられ、一木一草たりとも厳格に持ち出しを禁じられてきた。平成の世にあっても、女人禁制を守り、十日交代で神職一人が奉仕し、年に一度選ばれた男だけが上陸を許される、神秘の島なのだ。

戦後三回の考古学調査により、島の中腹に鎮座する十三もの巨岩に残る二十三もの古代祭祀跡から、なんと八万点の遺物が出土！　全てが国宝という。桁違いとはこのことだ。今なお生きた聖地として歩んでいるのであ

る。出光美術館において「宗像大社国宝展」が開催されると聞き、梅雨の晴れ間に博多へ飛んだ。

朝一番に飛び、空港でレンタカーを借りて神湊《こうのみなと》に向かった。宗像大社神宝館の福嶋学芸員との約束が午後だったので、大島の中津宮にお参りしようと思ったのである。フェリーまで時間があったので、鐘崎の織旗《おりはた》神社に参拝する。後述する辺津宮も同じだが、海神の住処に相応しく、こんもりとした社叢の佇まいは、海上から格好の目印となっている。主祭神は武内宿禰《たけしうちのすくね》、倭の五王に仕えた化け物の名に、旅への期待は一気に高まった。

神湊から十五分ほど、大島の港に近づくと鳥居がみえた。中津宮だ。港から五分程歩くと、階段の参道が、上部の森へと延びている。残念なのは、テトラポットとコンクリートに固められた海岸と、電線が張り巡らされた景観である。ここに限ったことではないが、せっかくの参拝が興醒めである。神の居場所というのは、風景の中にとけ込んでこそである。特に我が国の神殿は、社殿以上に自然景観があって成立することを、もっと意識すべきである。

拝殿には、「奉助天孫而　為天孫所祭」と掲げられている。大和朝廷は、大陸へつながる海上の道の総責任者として宗像氏を任命し、三姉妹の神職として、航海の安全と国家防衛の最前線を任せたのだ。宗像神社の分社は、現在、六千以上と、全国津々浦々に及んでいるが、律令制下でも神郡を有したのは、伊勢、鹿島、香取、安房、日前国懸《ひのくまくにかかす》、出雲、そして宗像だった。僕は島の北面にある沖ノ島遥拝所に足を延ばし、四十九キロ先の見えない島影に向かって手を合わせた。

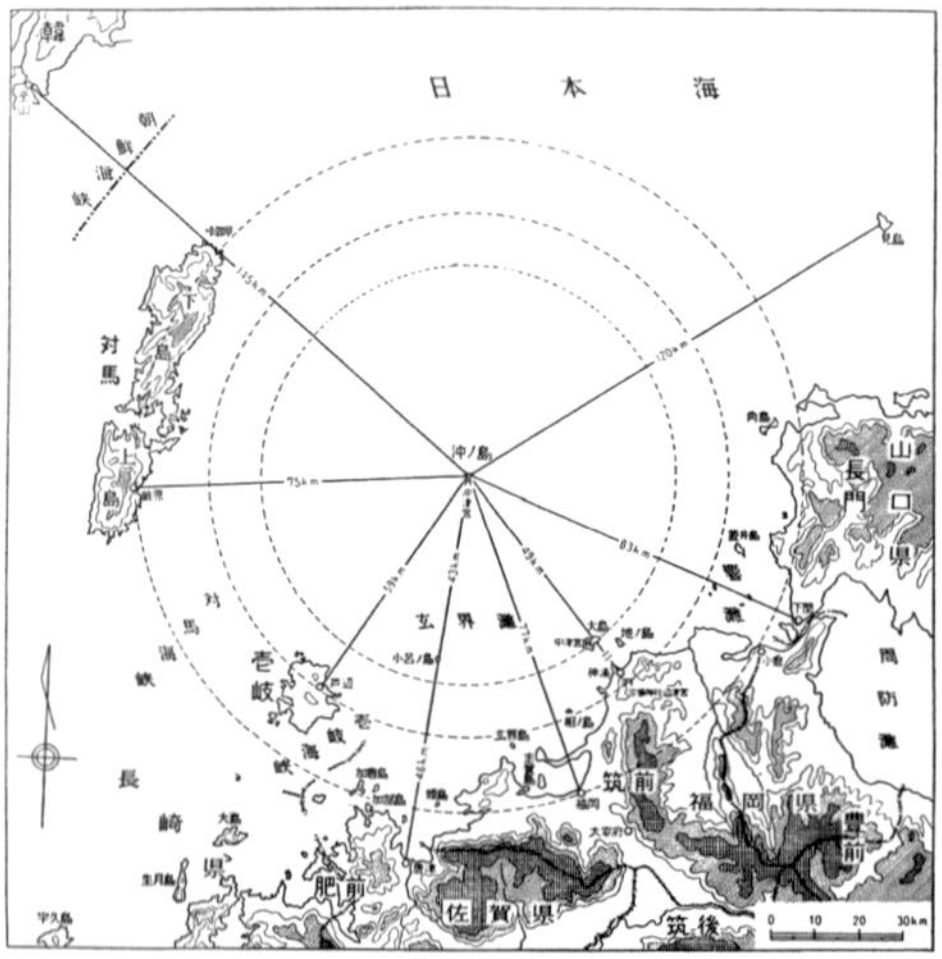

沖ノ島からの距離を示した玄界灘の地図（宗像大社宝物館図録昭和39年刊より参照）

神湊に戻り、港から釣川の右岸に真っすぐ延びる、参道と思しき道を行くと、程なく宗像大社の鳥居があり、脇の大きな駐車場に車を止めた。社殿は改築中であったが、仮本殿には一木、神籬《ひもろぎ》が捧げられている。高宮へと上がって行くと、途中の広場から海が見えた。ここから中津宮、沖ノ島とほぼ直線上に並んでいるという。海上の道は、陸から玄界灘へと、大海原の参道は、行く手を阻むものではなくと、文化が伝播する重要な道だった。

高宮は、鬱蒼とした中に祭壇が設えられ、真中に仮本殿と同じように神籬が立っている。宗像大神が降臨した地と伝えられ、沖ノ島と並び、最も神聖な場と解説にある。社殿が建立する以前の庭上祭祀としては、稀に見るもので、さきの仮本殿や沖ノ島の巨岩といい、ここには木や岩に神が宿る古代祭祀が連綿と残されている。何もないからこそ気持ちがいい、信仰の原点を僕は垣間みた。流行の言葉なら、「パワースポット」だが、カミサマは、いつも坐ってはいない。降りてはおられない。祭りや星や月がいいときに、降り注ぎ、さっと去っていくものだ。

大島の中津宮遠景

神宝館に入ると、桃山時代の異国風と言うのか、ユニークな狛犬が出迎えてくれる。その奥の阿弥陀経石には、宋人と姻戚関係にあった宗像氏の銘文が刻まれていた。此の地は、中国や韓国の人々と混ざり合って今があるのである。現代は国と国との関係が重要視されているが、ここでの人間史は、国境を越えている。そうして我が国の今があることを忘れてはならない。海を渡ってきた天孫族と、在地の国津神とが婚姻を結んで我が国の礎となったのだ。

二階の展示室に上がる。いよいよ本番だ。展示に従っていくと全体像が見えにくくなるので、沖ノ島祭祀遺跡の形態について述べるとする。

一、岩上祭祀（四世紀後半～五世紀）
二、岩陰祭祀（五世紀後半～七世紀）
三、半岩陰、半露天祭祀（七世紀後半～八世紀前半）
四、露天祭祀（八世紀～九世紀）

宗像大社辺津宮高宮祭場

言葉のままの意味で、祭祀は初めに岩上で行われ、岩の下から露天へ降りてきたのである。

　岩上十七号（遺跡番号以下同）からは二十一面もの鏡が出土した。十八号からは舶載鏡だという三角縁神獣鏡一面も出土、最古の祭壇形態が残っている二十一号からは、三輪より古い子持勾玉が見つかっている。剣、鏡とともに三種の神器の一つに数えられる勾玉、これこそ「日本のかたち」だと僕は思う。胎児の形とか、魂を現すとか言われてはいるが、現代人に到底創造出来ないものだ。縄文土器を作り、勾玉の「かたち」を決めた先祖と、共有するものは多いが、別次元の姿をしている。考古分野は、考古資料というように、美術とは切り離され、格下のように扱われているが、解釈可能か、説明出来るかが、分かれ目なのかもしれない。瑪瑙の勾玉に、強い光を当て、縄文の土偶に陰影強く展示したらどうだろう。「美」としての切り込みが、これからの分野である。

　次の岩陰から出土した、金製指輪の模様や、数々の金製馬具の「かたち」。杏葉《ぎょうよう》や唐草文など名称は付けられてはいるものの、僕のような、作り手としてのセンスのないものには、やはり別次元に思える。あるのはただ「美しいもの」だ。金銅製歩揺付雲珠《ほようつきうず》も馬具の一種というのだが、勾玉に共通する「女神のライン」とでも名付けたい。岩上への捧げものは、古墳時代前期の副葬品と等しくすることから、また、岩陰の半島からの贅沢な舶来品から、力のある大和朝廷により祭祀が行われたというが、そんな単純なことであろうか？

　歴史とは隠す事、都合の悪い事はなかった事にする、それは今でも変わらない。前述したように、律令制度が整えられていく中で組み込まれていったとは思うが、多くの「倭」が乱立し、五三八年に仏教が伝来、大化の改新を経て、壬申の乱がおこった時代は、各地方で親朝廷、反天智、反百済、親新羅等々様々な勢力が入り乱れていたのである。

ここ玄界灘でも、百済派、新羅派等と分かれ、宗像は、朝廷と大陸との橋渡しを担い、日本でも半島でもない、例えるなら、「星の部族」というような集団だったように僕には思える。半島でも同じようなことで、新羅とか百済という国単位だけで解決出来なかったこともあったのではあるまいか。つまり、残された遺物は、星や月の運行を熟知し、航海術に長けた共通の文化圏で生まれた成果のような気がしてならない。航海に出たのは、我が方だけではなく、国を超えた仲間が、平穏無事と、荒れ狂う海を鎮めるため神に祈ったのではあるまいか。僕の考えが正しいと、主張するつもりはないが、岩陰出土の、指輪や馬具が、半島に類似例があるからだけで、また、畿内のように多くの鏡が出土するだけで、朝廷との関わりを説く歴史観だけで良いのか、日頃から疑問である。三角縁神獣鏡は数多く発掘されているが、本場中国には一例もないのである。

滑石製子持勾玉／国宝
大：長 15.0㎝／小：長 9.5㎝
共に 8 号遺跡出土［岩陰］

いずれにしても、道中の守護神に、一等のものを捧げてきた。ササン朝ペルシャから伝来したカットガラス碗（破片）や、次の半岩陰・半露天から出土した金銅龍頭、唐三彩。最後の形態という露天祭祀の奈良三彩などを見れば明らかである。僕らは、先祖の信仰心の深さを、奇跡的に目にしているのである。

沖ノ島5号遺跡

六七二年、壬申の乱がおこり大海人皇子が即位して天武天皇と成った。倭から日本へ、大きな転換を果たしたのである。その幼名から分かるように、海神一族と親交があり、事実、天武天皇と胸形君徳善《むなかたのきみとくぜん》の娘との間に生まれたのが、高市皇子だった。

奈良時代になり、各地では、在来の神々と、先端の仏教が習合していく。宗像にも神宮寺が建立された。七七九年の遣新羅使廃止に続き、八九四年の遣唐使が廃止になると、沖ノ島での古代祭祀は、一定の役割を終え、徐々に整理、簡略化され、本土へと遷っていった。奇跡的に残された「海の正倉院」の一端を見て、神道の潔さ、徹底した忌み汚れの精神を考える。陸に残され伝えられた正倉院御物。偶像の仏教と、「かたち」のない神道。勾玉の「かたち」にかすかに残影があるように思う。

考古資料から「美」へ、「宗像大社国宝展」をきっかけに、現地にも足を運んで欲しいと思う。宗像大社の神宝館は、展示にもこだわった神社にしては稀なる施設である。葦津権宮司（現宮司）に、「機会があれば沖ノ島に」と言われ社務所を出ると、音を立て降っていた雨があがり、境内は女神のような、優しい空気に包まれていた。

右：金銅製杏葉／縦 約15㎝・横 約12cm／７号遺跡出土［岩陰］／国宝
左：金製指輪／内径1.8cm／朝鮮・新羅時代 ／7号遺跡出土［岩陰］／国宝

純度の高い「美」

学生時代、僕は鎌倉や藤沢の発掘現場で過ごしていた。夏休みに奈良の橿原《かしはら》考古学研究所の現場で汗を流したこともある。考古学青年にとって、玄界灘に浮かぶ宗像大社沖津宮が座す沖ノ島は、古代のままの遺跡が遺る島として羨望の島だった。あんなにザクザク出土したのかと思いきや、発掘調査というより、遺物が転がっていたのだという。詳しいことは省くが、僕の原点は、奈良桜井の大神《おおみわ》神社にある。神社には本殿はなく、三輪山そのものがご神体、神体山として古来より崇められてきた。七年程前、三輪山登拝を果たし、神の居場所というものを、朧げに体感する。三輪の蛇神が地の王者としたら、神体島には女神が棲んでいる。あの磐座だらけの頂上の、島版なのだろうか。

宗像大社の取材で接した、神宝館の純度高い「美」に、いつの日か沖ノ島に、とその思いをさらに強くしたが、僕らが奇跡的に残った海神への捧げものを目にできるのは、神を信じた偉大な経営者のお陰なのである。

私の育った町は特殊な土地柄で、宗像神社という有名な神社があった。私はそのご神徳を受けたと考えている。そういうことで非常にいい恵みを受けて育ってきていることは間違いないと思っている。私はいま神社の復興をやっているが、神というものをいまの人はバカにしている。

「私の履歴書」(日本経済新聞社刊) 出光佐三

出光佐三の先祖は、宇佐八幡、大宮司出身で、宗像の赤間にうつってから、その氏子として育つ。宗像の神が護ってくださる、という信念があった。荒廃した宗像再建のために結成された「宗像大社復興期成会」の会長に就任し、長年にわたり物心両面支援したが、境内のどこにもその名は残されていない。神社からの再三にわたる申し出に、「畏れ多い」と頑として拒んだという。

出光の名は、ガソリンスタンドや、ベストセラーになっている『海賊と呼ばれた男』の主人公で知られているが、僕には出光美術館がなじみ深い。とくに古唐津や仙厓の収蔵品、大好きなパッションをときどき眺めに行く。出光美術館で開催される「宗像大社国宝展」が楽しみなのは、出光が信じ、また尽力した神の遺物が、出光の愛玩した品々の収まる「美の殿堂」で開催されるからだ。展示にもひと工夫あり、出光のモノへの思いが重層していたら尚よしだ。

出光は、宗像大社参拝の折いつもモーニング姿だった。名を残すことを遠慮はしたが、密かに境内の一角には、出光の筆跡が残されていた。本殿裏手の第二宮、第三宮前の石碑には、「洗心」と刻まれている。来館者もそんな気構えで、純度の高いモノと対峙して欲しいと思う。二〇一五年は、祖父と同じ寺の境内に眠る出光生誕一三〇年である。

宗像大社中津宮が坐す大島

第二章

神と仏

三徳山三佛寺投入堂

〔みとくさんさんぶつじなげいれどう〕

修験の足跡と神仏分離

其の 1

役行者《えんのぎょうじゃ》によって千三百年前に開かれたという三徳山三佛寺。中国山地の奥深い自然が環境と歴史を守り、山岳宗教の行場としての姿を今に残している。「蔵王権現と修験の秘宝」展では、吉野の金峯山寺とともに、展覧会の中心をなした。断崖の真ん中に作られた国宝 投入堂を訪ね、山岳宗教と蔵王権現の美に触れた。

朝一番の飛行機で、鳥取空港から車で小一時間、三佛寺駐車場は、マイカーや観光バスから降りてくる登山姿の参拝客で賑わっていた。事前に連絡していたこともあり、米田良中住職が笑顔で出迎えてくださる。「どうぞ、お茶をいっぱい」と、はやる気持ちを見透かされたように庫裏へ。暫くすると次男の良順さんが、ご一緒しましょうと声をかけてくれた。

まずは本堂へお参りする。阿弥陀、釈迦、大日の三仏が祀られており、山号の三徳。ここのキーワードは三だと直覚したのは、後述する大峯も三所権現だからである。外陣はないのだが、何より目を奪われたのは、内陣の厨子の両脇に二つの神輿があることだった。毎年この時期限定の安置だというが、明治の神仏分離では、大きな被害なく現在に至っているという。このことについてはあとで記す。入峰修行受付所で住所、氏名、登山時刻を登録し、「六根清浄」の書かれた輪袈裟を肩にかけ、小川を渡るといよいよあの世へ、結界を超える。

参拝道入り口では、三徳山三佛寺の開山である、かの役行者が迎えてくれる。古書に依ると、役行者が蓮の花びら三枚を、神仏縁のある地へと空に投げると、一枚は石鎚山《いしづちやま》（愛媛県）、一枚は吉野山。そして、最後の一枚は、ここ三徳山に舞い降りたと言う。七〇六年のことだった。役行者についても後述することになるが、のちに天皇から「神変《じんべん》大菩薩」と称号を授かった伝説的偉人。彼が登場した八世紀初頭に深い意味があると思っている。

最初の難所、木の根が急斜面にへばりつくカズラ坂を、四つ足になってよじ登る。奥の院までおよそ七百メートル、大したことはなかろうとちょっと舐めていた。先達、わらじ姿の良順さんが、時折こちらに目を配りながら、ひょいひょい、身軽にあがっていく。「この辺りの尾根道からブナ林が現れるんです」と親切に説明して下さるのだが、こちらは相槌を打つのがやっと、聞けば二百メートルあるという標高差のため、距離はないが、ずっと急斜面が続くのだった。

次の難所、クサリ坂は、文字通り一本の鎖を頼りに岩山を登る。中間を過ぎた辺りから、文殊堂の足場が、チラチラとみえてくる。登り切ると、「景色が良いのでひと休みしましょう」と先達に促され、お堂の回廊を進むと、嫌な予感的中。崖から飛び出し、空中に浮かんだように続いているのである。高所恐怖症は、絶対に下を見

上：参拝の登山道は急斜面の連続。時に岩肌を登り、木の根を掴んで登るという、かなりの難易度。岩肌や木々は滑りやすいので、雨の日には登山できない。左：登山口には役行者の石像が見守っている。右：文殊堂へは脇のクサリを手にして登る。

てはいけない。ゆっくりひと休み、どころではなく、閉ざされた扉づたいに、遠くに視線をやって、恐る恐る一周。次に現れる地蔵堂はまだマシ……、なのだが、メモ帳や、せっかくの一眼レフを、取り出す余裕がなく、息つく暇もないとはこのことだ。

かつて、「ゆく年くる年」で除夜の鐘の生中継をした鐘楼で鐘をつくと、「あの時は麓から電源ケーブルを敷いて、ほんとに大変でした」と、先達が苦労話を聞かせてくれる。中継に関わらず、毎年除夜の鐘をつきに有志と登るそうで、ときには新雪をかきわけてのこともあるという。新緑の、暑くも寒くもない絶好の季節、贅沢を言ってはいけない。

続く、馬の背、牛の背は、樹木に覆われ下界は見えないが、尾根の両側は断崖絶壁、冒険心からか、自らルートを外れ、滑落してしまうかたもいるという。

いくつかお堂をぬけ、右に曲がり、視界が開けたと思ったら、目の前に長らく焦がれていた投入堂が、断崖にへばりついていた。僕は腰を下ろし、満足感で飽くるまで眺めていた。近年の、年輪年代測定法により、平安後期の材を使っていることが明らかになったというが、伐採してすぐに使用したかは別にして、先般の大修復で訪れた宇治の平等院鳳凰堂と僕は比較していた。あちらは貴族の、雅な極致。こちらは修験の行場と言う、荒々しく野蛮な聖地。対局にはあるのだが、藤原期末共通の、頼りない程に柔らかで、優しさにつつまれた平安仏のような美しさを感じていた。

かつて写真家の土門拳さんが、「日本一の名建築は何かと問われれば、わたしは躊躇なく三佛寺投入堂を真先に挙げる」と言ったという、様々なかたがたが絶賛する国宝建築である。僕は建築物というより、自然の磐と渾然一体に、七体もの蔵王権現の住処だった意味を考える。

一般的にはあまり馴染みのない蔵王権現、正式には金剛蔵王大権現という一見仏像なのだが、神像の色濃く、その名の通り権現様であり、役行者が感得したオリジナ

崖にへばりつくように立つ桃山時代建立の文殊堂（重要文化財）。建物を巡る回廊は木々よりもはるかに高いので見晴らしがいいが、高さ数十メートルの命を預けるのが踏み板ひとつだけなので、怖さもひとしお。（53頁上）前田青邨画伯旧蔵鋳造蔵王権現像（個人蔵、上写真）

ルの神仏混合像なのだ。

現在、麓の収蔵庫に下ろされた諸像は、訪れる人もまばらで、雨天で登山禁止になると寺は閑散しているという。つまり、建築目当ての参拝客がほとんどなのだ。本当に残念なことである。すべて重要文化財に指定され、中でも正本尊の寄木造のそれは、うっすらと金箔も残る、造形的にも見事な立像である。ユニークなのは、他の諸像の姿である。蔵王権現は、片足をあげているのが特徴なのだが、二体は両足ともについていて、腕のあげかたも控え目、大峯の遺物と比べると、初さが際立っている。「蔵王権現と修験の秘宝」展では、見所の一つになると思う。

僕は前田青邨画伯旧蔵、上半身だけの鋳造蔵王権現像を眺めながら、岩山をぶち破って出現したという伝説の力強さがみなぎっているお姿と対照的に、どこか親しみと可愛らしさすら、感じる。神像の姿に定番がないように、蔵王権現像もまた、我々先祖が生み出したメイドインジャパンの、融通無碍なる風土から生み出された姿ということなのか。

山や瀧、草木に至るまで「カミ」と崇め、自然の中で、

険しい修験の道を登り詰めて、ようやくたどりつく国宝 投入堂。断崖の狭間にお堂が鎮まる佇まいは、役行者が法力で投げ入れたという伝承に違和感がないほど。堂内には崖を伝って建物の下から入るという。奈良文化財研究所が行なった年輪年代測定によると、西暦一一〇〇年前後の平安後期に建立されたものという。

神と仏が共存していた。八百万の神様を、江戸時代の国学者である本居宣長は、「すべて神とは、鳥獣木草のたぐひ海山など、よのつねならず、すぐれたる徳ありてカシコキ物を神」と考えたように、日吉大社の猿や、三輪山大神《おおみわ》神社の蛇、伏見稲荷の狐に、蝦夷《えぞ》の熊など、先般展覧していた鳥獣戯画のような世界が、実在としてあったのだと僕は信じている。

日本では、一万年を超える縄文時代から、自然への信仰が芽生え、六世紀中頃に仏教が伝わると、在来の神々と徐々に折り合いをつけ、平安期にかけて習合していく。三佛寺奥の院投入堂の華奢な建物を見ていると、およそ三百年かけ、日本の大自然に対する長い信仰が、仏教のような高度な宗教を受け入れた結果、自然石と同化した住まいと、神仏像を造らせたように思う。そして、自然信仰と仏教の触媒となったもの、それが修験者たちであった。

国土の七割を山で覆われた日本。様々な恩恵をもたらす山は、命の源であると同時に、昨今の噴火のように、ときには予想をこえた災害を発生させる、自然の厳しさを持っている。修験道とは、詳しくは利典さんの稿（目の眼2015年10月号38〜45頁）に譲るが、人界と隔絶された神山で、木の実を食べ、草を枕に何年もすごす中、身心ともに無色透明と化すことは、我々凡人にもその厳しさは充分想像のつく。彼らは「山の行より里の行」という半僧半俗のものたち、山を上下し、鉱物資源や医薬など、山の叡智が民衆の中に浸透していった。八世紀、白山開山の泰澄《たいちょう》や、東大寺の行基《ぎょうき》、政治的に悪僧に仕立てられた感のある玄昉《げんぼう》や道鏡《どうきょう》など、同時代の修験者たちは、倭から日本へ、天武持統朝のときに整えられつつあった、神と仏が混淆する国をともに目指したのだと思う。

時を経て、神仏は千年以上共に暮らしたが、明治元年に出された「神仏分離令」により、地方により温度差はあるものの、仏は毀釈され、権現信仰は滅ぼされる。明治五年の、「修験道禁止令」にいたり、（あわせて神社合祀令があったことも忘れてはいけない）大打撃を受けた。簡単に言うなら、徳川幕府という前時代の権力者である東照大権現を滅ぼし、西欧にならい一神教化をすすめたのだ。武士はいなくなり、怪しさ満点の神々は、一町村一社を原則に整理され（地方により温度差がある）明治初めの全人口三千数万人のうち、およそ十七万人いたという修験者は山をおり、山伏たちは廃業したのだった。

三佛寺と並ぶ修験の行場であった大山《だいせん》も、明治までは大山権現（大智明権現《だいちみょうごんげん》）として、現在の大神山《おおがみやま》神社奥宮にご本尊の地蔵菩薩を祀っていた。大山寺から奥宮へ、日本一長いと言う自然石の、水の流れのある素晴らしい参道には、石造りの観音像など祀られていて、神仏習合時代を感じさせ、権現造りの豪華な社殿へと導いていた。僕は社殿から、豪放な大神山(大山)を仰ぐ。出雲風土記に、国引きの綱を繋ぎ止める杭として、「火神岳・大神岳」とあり、中国地方最高の峰として、古来から信仰を集めてきた。山そのものをご神体として崇めてきた我々は、山は禁足地であり聖なる場だった。昨今は、登山ブームなのだと言うが、そうした古来から続く信仰心を忘れてはならない。

投入堂正本尊／重要文化財／蔵王権現立像／仁安三年造立／康慶作／像高115㎝／役行者が投入堂に安置したと言われる。胎内から見つかった仁安三年造立願文を解析したところ、鎌倉時代を代表する仏師、運慶の父親である奈良仏師の康慶の作という記述が見つかった。

「守れ権現　夜明けよ霧よ　山は男の　禊の場」北原白秋の歌が、在りし日の精神を端的に伝えている。幕末に、外国人として初めて富士山山頂に立った英国公使一行は、富士の火口に、こともあろうか銃弾を撃ち込んで祝したと言う。彼らの登山は、山を征服するもの、対して我々は、山は聖なるものと崇め、むやみに立ち入ってはならない神聖なる世界としていた。繰り返す。自然は

右：不動院岩屋堂。大同元年（806）に飛騨の匠が建てたと伝わる。国の重要文化財。ご本尊の不動明王は弘法大師作と伝わる。
中：深緑に包まれて石畳が続く大山大神山神社奥宮の参道
左：三佛寺ご住職の米田良中さん。開山以来 1300 年の法灯を守る。

服従させるものではなく、いかに付き合っていくか、相手の言葉に黙って耳を傾けられるか。西欧的な自分中心の考えではなく、修験者のように、自然に身を委ねていくことこそ、山に入り、「非日常」を経験していくなかで感じていって貰いたいものだ。

　旅の最後に、三佛寺と似た形態のお堂があると聞き、若桜町にある不動院岩屋堂に立ち寄った。創建は大同年間（八〇六～八一〇）。やはり同時代だ。昭和の修理で、現在の建物は室町時代、戦国時代には秀吉の焼き討ちにあっている。「目の眼」二〇一五年八月号で、興福寺の多川俊映貫首が、「伝世品というが、ものが勝手に伝世するわけではない。それが、自分たちにとってかけがえのないものであり、それを次代に伝えたい、伝えなければならないという深い美意識と、それにともなう地道な手立てがないと、どんな優品も早晩傷つき、そして、いずれは失われていく」と核心をついたように、文化財は何もしないで残っているわけではない。人々の努力と愛情なのだ。政府の命令により、ご本尊をうつされた大山寺は荒廃し、大神山神社も、なにか魂がぬけた印象だった。

　だが、先に記したように被害の少なかった三佛寺は、修験は去ったが、神々が同居し、住職をはじめ、誇りを持って発心されている。あの奥の院の崖下には、磨崖仏が眠っているという。町長が公開に熱心であったが、町ぐるみの取り組みは心強い。が、眼で見えることは大事ではあるが、心の置き場所が、さらに大切なことではないだろうか。

　日本人の信仰、その原点は「神仏混淆」につきるのであって、美術的にも学問的にも、専門分野に偏らず、まして経済的な観点だけで判断せず、もっと総合的な広い視点で、千年続いた実体をもっと知らせていかなければならないと強く思う。

ご神像

市中山居の神をたずねて

其の2

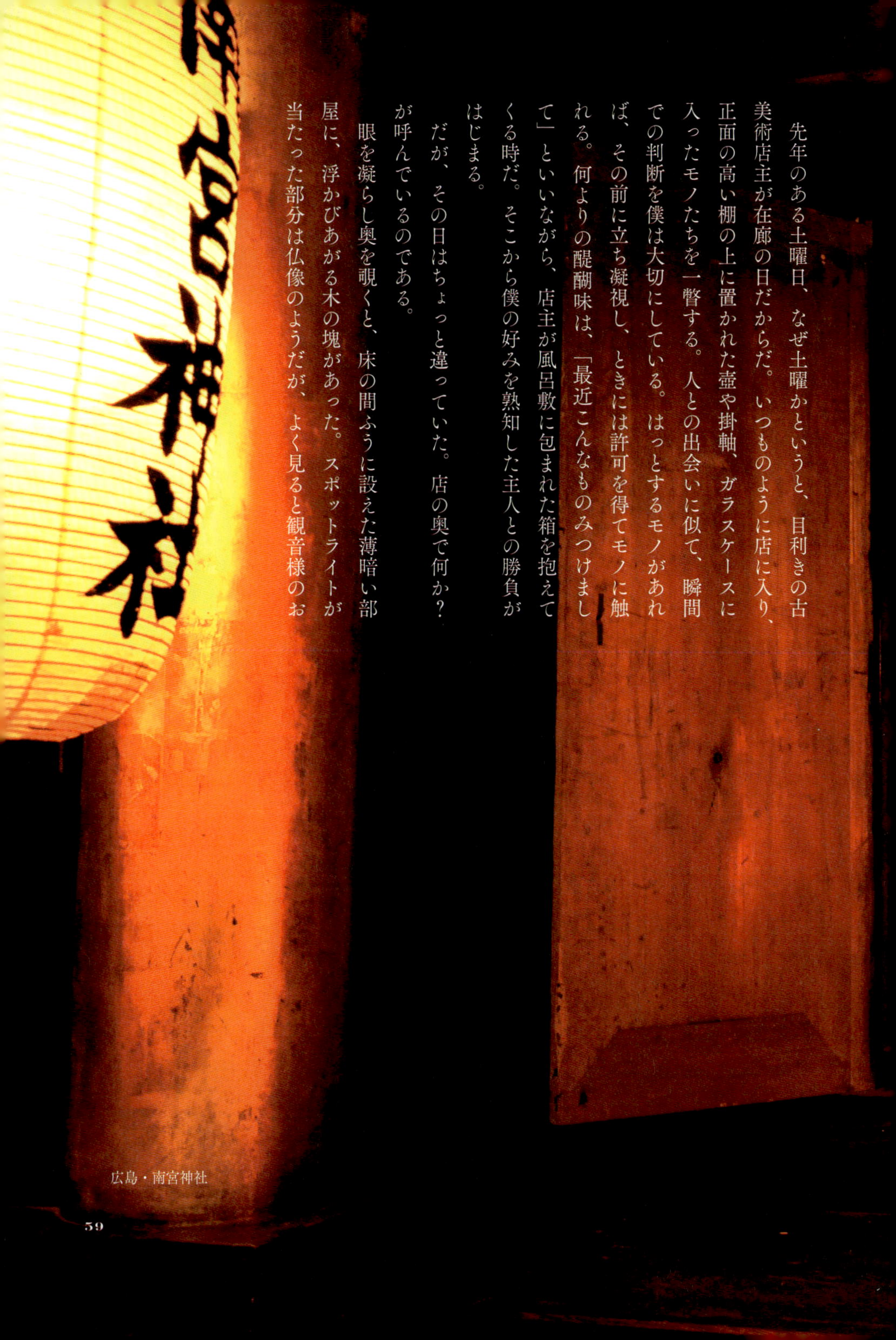

先年のある土曜日、なぜ土曜かというと、目利きの古美術店主が在廊の日だからだ。いつものように店に入り、正面の高い棚の上に置かれた壺や掛軸、ガラスケースに入ったモノたちを一瞥する。人との出会いに似て、瞬間での判断を僕は大切にしている。はっとするモノがあれば、その前に立ち凝視し、ときには許可を得てモノに触れる。何よりの醍醐味は、「最近こんなものみつけまして」といいながら、店主が風呂敷に包まれた箱を抱えてくる時だ。そこから僕の好みを熟知した主人との勝負がはじまる。

だが、その日はちょっと違っていた。店の奥で何か？が呼んでいるのである。

眼を凝らし奥を覗くと、床の間ふうに設えた薄暗い部屋に、浮かびあがる木の塊があった。スポットライトが当たった部分は仏像のようだが、よく見ると観音様のお

広島・南宮神社

顔をいただいた神像だったのである。こんなお姿見た事がない。手に取るとずっしりとした木の重みと、童顔なお顔の切れ長の眼と、眼があった。僕は理屈にならない理屈を自分に付け、気がついたら、子どもを抱くように神像と店を出ていた。

　神像、一般には馴染みの薄い言葉かもしれないが、仏像とどう違うのだろうか。一言でいうなら、仏像は異国からの輸入品であるが、神像は、メイド・イン・ジャパンという事だ。だが、日本彫刻の大部分が仏像だという事実は、民族の精神性を現わしているように思う。仏教が伝来したのは、『日本書紀』による五五二年説と、五三八年という二説あるが、いずれにせよ六世紀半ばまでに百済から、欽明天皇に仏像や経典が贈られた。その仏像は釈迦如来の金銅仏だったという。飛鳥周辺には、もっとも古い仏像として知られている飛鳥大仏や、法隆寺の有名な釈迦三尊像などを納めるため、大寺院が建てられる。

　最古の五重塔という法隆寺。高い建物がない時代に、絶妙なバランスで配置された大伽藍に、人々は度肝がぬかれたであろう。昨今のスカイツリーなど足元にも及ぶまい。極彩色に彩られた建物の中に、銅を鍍金仕上げした金色に輝く仏像が安置されているのだ。想像を膨らませて欲しい。仏像は、日本人離れしたその容姿に、熱帯生まれらしく、半裸体風の衣装を纏っている。革新的な

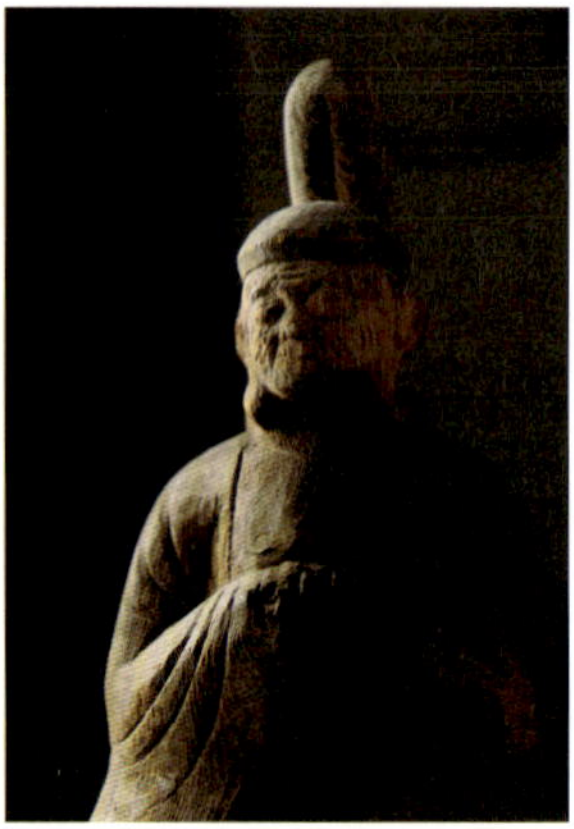

猿面男神坐像／高21.0cm

　人々の中には、見事な仏像と、壮麗な大建築に美的感化され、信仰の、偶像崇拝の対象として取り入れたのは、ある意味当然の事であった。

　「想定外」、これは古代とて同じこと。在来の神々は腰をぬかし驚愕し、我々が信じていたものが何だったのか、問い直した。神道の中核にある祖先崇拝、一方には自然崇拝、自然神教というようなものが、どっかり腰をおろしている。山や瀧、石や木という自然の万物を依り代とした八百万の神々。「神のかたち」といったものはなく、見えないのだ。対する仏教は、人の理想を現したかのような、黄金に輝いた像に向き合い礼拝する。

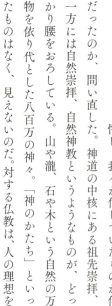

新しく分かり易いものに惹かれるのは、いつの時代も同じなのである。

飛鳥にもたらされた金銅仏の後、生きた人間に、より近い表情や、身体の柔らかさを表現するのに適した乾漆像が流行する。興福寺の阿修羅像はその代表作だ。同時期に登場した塑造の技法が流行するようになると、金銅仏はだんだん少なくなっていく。天平時代に入り、聖武天皇の国家戦略、大仏や国分寺、尼寺の建設により、輸入品は国家の礎として磐石な地位を築く。薬師寺金銅の薬師三尊像はその最高傑作だ。

そんな経過の中で、在来の神々は黙っていたわけではなかった。山川草木、自然そのものがカミの依り代であり、祭祀の場所やカミの道を、体系化する事で対抗しようとした。中国に仏教が伝えられた時、道教が組織化された事と似ている。朝鮮半島やベトナムなど他のアジア地域では、仏教が伝わった後、日本の神道のようなアニミズム的精神は、社会的地位を以前ほど保てなくなってしまう。だが、日本の深層は消えなかった。

十面男神坐像／高20.0cm

自然祭祀が行われた聖地や、仮の宿に過ぎなかったお旅所に社が建てられ、御魂代として鏡などが、ご神体として調えられていく。天照大御神が、鎮まる地を求め諸国を行脚し、伊勢に神宮を建立したのが七世紀終わり。社殿神道の黎明期の神社建築は、祖先の住宅建築の原型がそのまま今日に至っている。倭から日本へ、そして仏教を国家の礎として、国家的な大転換を果たす時期と符合する。古くからある神社には神宮寺が建てられ、大寺には鎮守社が建立される。このような神仏が融合していく過程で制作されたのが神像だった。

姿がないものを形に、像にするのだから大変な作業だ。モデルは仏像にありながら、当初は対抗意識もあったのであろう。熊野新宮の熊野速玉大社や、京都、松尾大社の男女神像は、初期の神像として知られているが、「国宝 大神社展」(二〇一三年東京国立博物館)でその姿をご覧頂ければ一目瞭然だ。威厳や怒りに溢れ、威嚇し畏れよ、と強いているようにも見える。

　仏像の弘仁時期にあたる後発の神像は、その影響を受けてはいるものの、正装した男らしい男と、日本風の美しい女は、明らかに日本人であり、何となしによそよそしい仏像とは対照的だ。両者はだんだんと習合していくのだが、仏像のように残された数が非常に少ないのは、一体どうしてであろう。

　さきにカミは形なく見えないもの、と述べたように、それが「信仰のかたち」の根本的な態度なのである。神社では仏像のように直接拝むというより、鳥居で一礼し神域に。そこにおわします何物かに、まず頭をたれるのだ。ご本尊に礼拝するだけが目的ではなく、例えば奈良三輪山の大神神社のように、山そのものがカミで、拝殿だけしかない社もある。

　もう一つの問題は、住宅建築の延長である本殿、神殿の、あかず扉の畳や板の間に直かに、しかも仏像のように護摩を焚くという事もなく、ただ安置されている事だ。つまり、虫害や腐食の被害を受け易いのである。

　今回特別の許可を頂いた御調八幡宮《みつきはちまんぐう》の桑原宮司と、南宮神社の皿海《さらがい》宮司にお話を伺ったが、「お寺のように火

上：男神坐像／高75.5cm
下：女神坐像／高28.0cm

をつける事は稀ですもの、それについ最近まで誰も見た事もなかったです」と判で押したようなお答えだった。僕の神像も、ところどころに虫食いがあり、そうした状態のところに置かれていたものだと思う。神道の信仰上、神像を軽々しく拝んだりしてはいけない、という態度も解らないではないが、あまり過度に神聖視するのも如何なものかと思う。神懸り的に信じている方も居て、僕は決してそれが迷信だとは思わないし、一つの考え方だと思うが、常駐の宮司もなく、荒れた社殿に生ける如くあらせられるだけでは、日本固有の彫刻美を、後世に伝えていく事は出来ない。僕は信仰と文化遺産とがいい意味で両立していく事を願ってやまない。昔いた頑固親父、気高く美しい貴女たち……、おそらく彼らは、遠いご先祖の姿をしているのだ。仏像にはない親密さ、日本らしさ。それが神像なのである。さらに大事なのは神像には、木そのものへの信仰が如実に感じられる事だ。

　この度初めて本殿におわします御神体と対面し、暗くて見えないのだが、圧倒的な存在感が内陣の奥にはあった。ギーという扉と同時に、霊気が漂ってくる。「木の魂」なんて簡単な言葉で片付けたくはないが、「仏像の美」とは対極の、「我々国土の存在」と感じるものがあった。

　取材の後、広島府中の一宮にお参りしたが、僕は御簾のあちら側から見られているような心地がした。僕は、聖地の意味が少しだけ分かった気がする。姿かたちが拝めずとも、その土地に根を張ったカミサマがどっしりと、存在する。「収蔵庫ではどうにもいけないんです」と桑原宮司が呟いた。そう、御神体だからである。神社にお参りすると、参道の両脇や、拝殿、本殿のまわりに、注

上：坐像でありながら75cmを超える大きな男神像(P62)。単に大きいというだけでなく造形、彫刻、彩色とも一級の技術が用いられているたいへん貴重な像。下：右頁の女神像は彩色がきれいに遺されており、往時の姿が偲ばれる。またその明るい色使いや、独特の冠を戴く姿から、九州地方のものではないか、と感じた。また下面に墨書があり、応永十二年の年記と制作者名も記されていた。

連縄がまかれた大木を眼にする。奈良談山神社の傍にある天一神社の神杉ように、社そのものになっている神社もある。鎮守の森の中核であるご神木は、精気にあふれ、見ているだけで僕はほっとする。

我々祖先は、縄文時代という途轍もなく長い時間を、八百万の神々とともに生きてきた。特別な場所は祭祀の場とし、目印だった大木は、霊木へと昇華していく。おそらく原初は、信仰の対象となった木そのものへ、像を刻んだのだと思う。神像の多く（仏像にもあるが）は、節やウロがあったりして、材に適さないものが見受けられるが、ある日強風などで倒れてしまったご神木、霊木の魂を残すため、と考えれば合点がいく。その木、その材でなければ駄目なのだ。

仏像への驚きに触発され、その対抗心から彫られた日本独自の彫刻、神像は、藤原時代に入ると、初期のような堂々たる体躯の、細やかな意匠を施したものは急速に衰え、技術は単純化してくる。

近江一宮、建部大社の女神像は、手で口をおさえ悲しんでいる、全体的には可憐な若い女性だが、彫刻の技術は稚拙で、上半身だけ神様らしく彫っているにすぎない。

一見退化したとも思える素朴な神像は、ご神木、霊木に先祖がえりを果たした結果なのかもしれない。つまり、技術が退化したというよりは、偶像は仏像に譲り、仏教渡来前の原始的な姿に戻っていっただけなのではなかろうか。一輪の花や、沈みゆく夕陽、月見など、うつりゆくものに対して、繊細で機微な感覚。形あるものは滅び、再生を果たす。そんな我々の深層にある無常観が、神像を原初に戻したではないかと思う。きっと立木観音を彫った仏師と同じ精神世界があったのだ。山のなかの巨石に彫られた磨崖仏、あれだって対象が石という違いはあるが、信仰の石だったのである。

鎌倉時代に入ると、運慶・快慶に代表される彫刻のように、写実がすぎてくると、もはや細かな人体描写が際立って、前記の神像と同じ精神とは言えないようなものも生まれてくる。繰り返すが、神像は木そのものの信仰から生まれたものなのである。

「像をつくって祀る輩は　仏家にてすることなり。
像をばつくるべからず。」

『軍神問答』

これが根本態度だったのだ。

なんとも珍しい相撲取りの姿をした神像
相撲は日本固有の神事であった

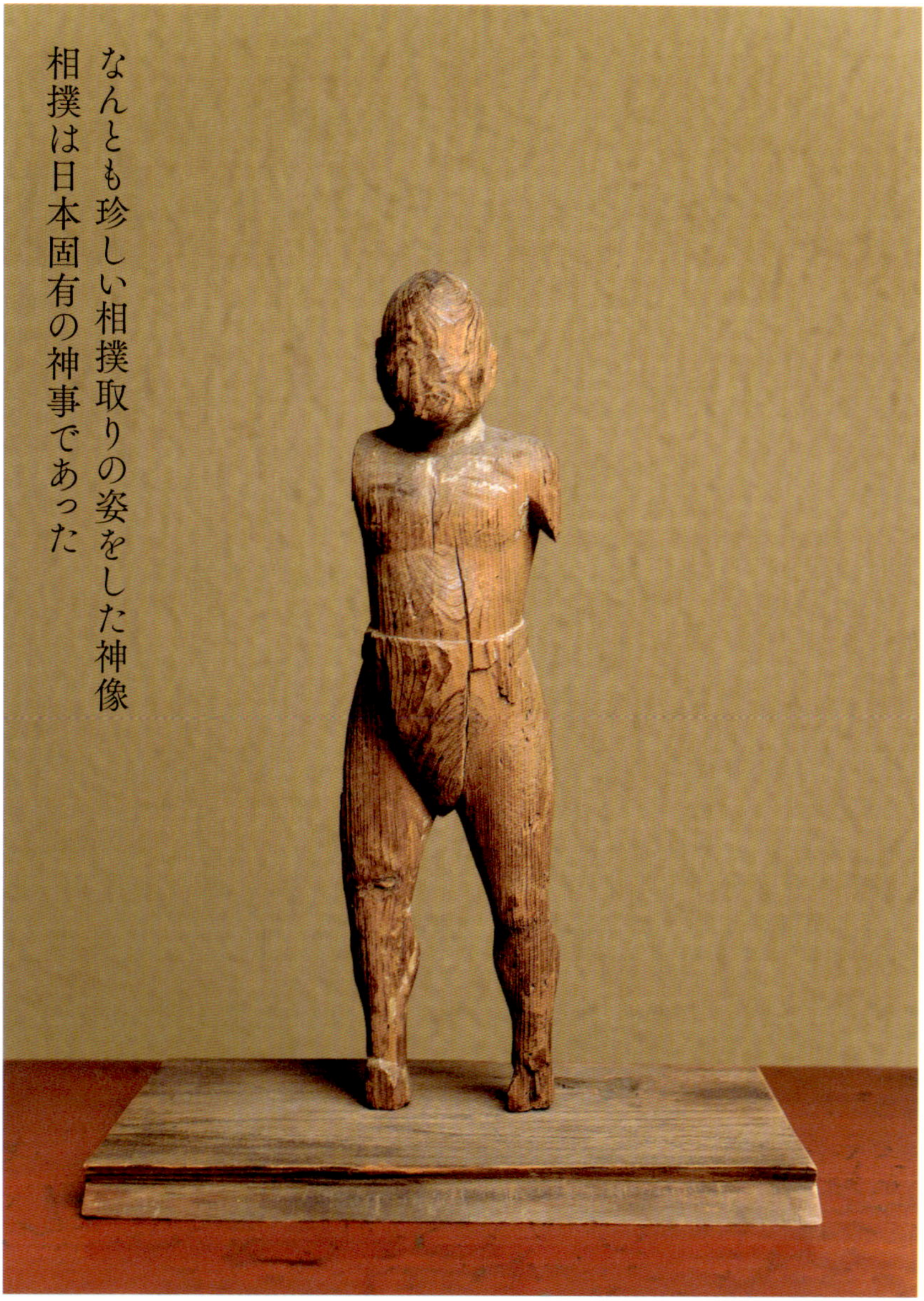

男神立像／高44.0cm

其の3

四国お遍路

空海と、故郷の信仰と

二〇一四年に、四国四県の各県庁所在地にある美術館・博物館が、「四国へんろ」と銘打った展覧会を順次開催しているが、所謂巡回展ではなく、出品作品の一部は重なるものの、各開催館が独自で企画するという一風変わった展覧である。僕は、いの一番に開催される「高知編」に足を運んでみた。

「内覧会のあと、四時くらいに手が空くので、その頃でしたらゆっくりご案内します」。高知県立歴史民俗資料館、岡本学芸課長のご好意に甘えることにして、高知龍馬空港からその足で、まずは室戸岬を目指す。時折、雨足が激しくなる荒れた天候の中、海岸線を黙々と歩く

室戸岬、御厨人窟前にある磐。

お遍路姿を、そこかしこに目にする。近年、減少気味の参拝客も、本年はお遍路の開祖、弘法大師記念の年ということもあって、増えているという。

札所巡りの醍醐味の一つは、御朱印をもらうことであるが、本年限定のスタンプを使用し、プレミアム感をだしている。昔ながらの純真なる「同行二人」の信仰心ばかりではなく、自転車や観光バスを利用したり、スタイルは様々に、知恵を絞っているようだ。

室戸岬灯台の山の天辺に、第二十四番最御崎《ほつみさき》寺がある。僕は内覧会で、ここの優美な「如意輪観音半跏像」にうっとりしたことや、弘法大師が籠ったと言われる御厨人《みくろど》窟の異様なる恐ろしさに、入り口で立ち竦んだことを思い出しながらこれを書いている。この大理石の像は、大

上・下：御厨人窟入口と祭壇

弘法大師像／一幅／絹本著色／
高知県　第二十九番／国分寺
室町時代／縦 87.5 × 横 36.0㎝

重要文化財／如意輪観音半跏像
石造／像高 53.2㎝／高知県／
第二十四番／最御崎寺

師が建てたと言う「一夜建立の岩屋」に、同じく出品されていた「金剛力士像」と一緒に祀られていた。明治以前、寺は女人禁制であったが、ここだけは例外であった。膝前が失われているのは、漁師の大漁祈願に削りとったためという伝説が示すように、大漁や安全などの祈祷に、時には帆先にかかげたりしたのだろう。「人生と信仰」が一体となって、「美」は守られてきたのである。

土佐の船路は恐ろしや　室津が沖ならでは
しませせが岩は立て　佐喜や佐喜の浦々
御厨の最御崎　金剛浄土の連余波

『梁塵秘抄』

境内にこだましていたお遍路のチリンチリンの音が、遥か昔から連綿と、打ち寄せる波の如く続いているのである。

内覧前に立ち寄った第三十二番禅師峰《ぜんじぶ》寺は山頂にあり、海へと眺望が開けていた。先の歌にある「御厨の」は、浄土への入り口であり、洞窟に籠ることにより来世へ、常世への入り口にたつのである。「海」への遥拝は、補陀落（ポータラカ）信仰（インド南端の島にあるとされる観音浄土。中国では普陀山）、観音浄土へと発展していくのだが、岩の上からじっと、遥か彼方の水平線に思いを馳せていると、心が安らぐのを感じるのは、「祈りの地場」があるからだ。

つまり、大師ばかりではなく、例えば土佐藩主山内一豊は、出征の際参拝を欠かさず、「船魂観音」とか「船霊観音」と称される、本尊の十一面観音像を篤く信仰していたという。次の第三十三番雪蹊《せっけい》寺は、戦国の大大名、長宗我部元親《ちょうそかべもとちか》が庇護し、また、展覧会には、廃仏毀釈後の復興に尽力した山本玄峰和尚の、山岡鉄舟との印存が出品されていたが、時代時代に、先祖や偉人らの弛まざる努力があって、今のお遍路があり、「美」があることを忘れてはならない。

高知県立美術館は大きなホールと、真ん中が吹き抜けになった、ゆったりとした佇まいである。岡本課長とは初対面であるが、互いに考古出身ということもあり、親近感がわく。まず、本展の特徴である中寺廃寺の遺物に自然と目がいく。「いくつか修行窟も確認されているんですよ」と岡本課長。近年の発掘成果は嬉しいことである。修験者が山で祈り、里におりて布教する。山林寺院ばかりではなく、かつては、法隆寺や東大寺等、奈良の大寺院にも修験者は居たのである。大師も優婆塞《うばそく》のような立場で、四国各地の窟で修行を重ねたことが、信仰の根本で、それは磐への、自然への信仰と言い換えてもいいかもしれない。かの高野山を見つけたときも、丹《に》生都比売《うつひめ》や、狩場明神《かりばみょうじん》といったカミサマの導きによって聖地にたどり着き、今でも仏教の聖地高野山に、カミサマをお祀りしているのである。

我が国では、神と仏が一体となり歴史を重ねていった。明治の神仏分離のあと、発令された修験道廃止令は、お遍路信仰に多大な影響を与えたことも忘れてはならない。何度も書いているが、明治の人口三千万の約十七パーセントが修験者だったのだ。政府は神と仏の仲立ちである修験者をも、抹殺したのであった。

大師が請来したという金銅の錫杖頭（71頁下）が目に入る。岡本課長が、「何とも言えない音がするんです」と言う。聞きたいです、と心の中で声をあげた。担当学芸員の特権だが、次回展示する香川県立ミュージアムでは、許しが出れば録音し、聞かせたら良いと思う。巡礼に通じる音、である。第七十五番札所善通寺の逸品で、ともに展示されていた一字一仏法華経序品（71頁上）とともに、屈指の国宝であると思う。

　目を転じると「柿経《こけらきょう》、笹塔婆」が陳列してある。岡本課長は「これも近年の発掘です」と教えてくださる。愛好家同士阿吽の呼吸だ。第四十五番愛媛の岩屋寺の窟から出土したものだが、籠ることの重要性を改めて思う。

　第二室にうつると、国分寺本堂の、外陣上部の壁に懸けられている大きな板絵の両界曼荼羅が目に留まる。岡本課長は、「お遍路の特徴として、各地の一宮と国分寺のある所が選ばれているんです」と言う。雄弁ではないけれど、随所でヒントをくださる。解説を読むと、土佐一宮である土佐神社に懸けられていたとある。僕は、各地の一宮を巡礼している。半分くらい果たしただろうか、一宮には、式内社や名神大社と言ったものと違う、その地方の「色」のようなものが感じ取れる。

　四国八十八霊場は、江戸時代初頭には、札所の順番や、八十八の数など組織的な完成をみたが、平安時代の辺地、補陀落信仰や、熊野信仰、山岳信仰など、様々な信仰を基礎に混交してきたのである。時代がくだり、一宮という地方の核であるお宮と、その別当寺が、上流階級から一般庶民へと流布するパワーとなった。板絵の横に展示されていた江戸時代末期、土佐神社の廃仏毀釈前の古絵図には、一時廃寺になった善楽寺が描かれている。

　県美近くにある一宮を訪れてみた。五世紀の創建の古社は、ちょうど夏の大祭、しなね祭前日の準備で、慌ただしかった。国道脇の楼門から長い参道が続き、境内は樹齢数百年の杉や檜が鬱蒼と茂り、本殿裏手を散策出来るようになっている。だが、となりの第三十番善楽寺の賑わいに比べ、参拝客はまばらである。課長の言葉に導かれ、国分寺にも足を延ばしてみる。各国分寺に共通することだが、平野の見通しのきく立地にあった。農作業の合間なのか、軽トラックから降り、本堂へ駆け足でお参りする姿に、生きた信仰を感じる。さきの板絵の曼荼羅は、土佐神社の別当寺（善楽寺）にあったことが、

高知一宮土佐神社境内のご神木

裏面の墨書から読み取れる。善楽寺は、廃仏毀釈により、廃寺になったことから、曼荼羅は国分寺に預けられ現在に至っている。ちなみに土佐神社の本地仏は、善楽寺の本尊と成っているが、民衆の信仰心は、政府の弾圧にも屈することがなかったようである。

　時代の荒波を乗り越え、数多くの祈りの軌跡が守られてきた。本展には幾つかの秘仏が出陳されていたが、中でも、展覧会の最奥部に、マイナンバーワンの掛け軸があった。通称「笑不動」とあり、一目みて、「真魚《まお》」（弘法大師の幼名）だと感じた。若々しく、賢そうな美男子で、波間で溌剌としている。第三十九番延光寺とあるが図録掲載を固辞、所蔵寺のモノへの思い入れが伝わってくる。

　土佐の霊場を歩きながら考えていると、やはり「海への信仰」とは切っても切れない関係にあるように思う。室戸岬での直感は、いくつかの札所を巡り、展覧を見ることで確信に変わった。重文の「志度寺縁起絵（72頁）」は、

上：国宝／一字一仏法華経序品　一巻／紙本著色墨書／縦29.1×全長2124.0㎝／平安時代／11世紀／香川県第七十五番　善通寺
下：国宝／錫杖頭／一柄／銅製鍍金／総高27.0／輪径13.6㎝／唐時代／8世紀／香川県／第七十五番／善通寺

岡本課長から何の発言もなかったが、作品を選定した企画者の示唆があるように感じた。寺は、「海女の玉取り」の伝説で有名で、藤原不比等に贈られた唐の宝物の玉が運ばれる途中で龍に取られたが、海女が命と引き換えに取り戻したという。かの怨霊の王、崇徳院が逗留し、『保元物語』には、「日本国の大魔縁とならんと御舌の先をくい切って、海底に入りさせ給ひける。志戸といふ所にてかくれさせ給ひける」とある。素直に読めば、入水して死を遂げたのである。僕は足摺岬と、秘仏への姿勢に感嘆した延光寺を参拝し、確信をさらに深めたいと、美術館を後にした。

足摺岬の突端に、第三十八番金剛福寺がある。本堂には「補陀落」と扁額が掲げられ、大師の盟友嵯峨天皇の勅願も現存する。境内は石仏や石等整備されてはいるが、半島全体が原生林で覆われ、波しぶきをあげる岬にたつと、僻地の臨場感がひしひしと伝わってくる。灯台の入り口には、ジョン万次郎の碑が建立されていたが、龍馬然り、此の地の出身者が、外へ、決死の船出を敢行した傑物が多いのは、彼らは「近代の補陀落渡海者」であり、水平線の彼方へ、「極楽往生」とは違う形での、「常世」を夢見たに違いない。生まれ故郷に根付いた信仰から衝動したのだと僕は思った。

重要文化財／志度寺縁起絵／六幅のうち 巻一 御衣木縁起（部分）絹本著色／鎌倉～南北朝時代／香川県 第八十六番／志度寺

帰路、第一番の霊山寺と阿波一宮の大麻比古《おおあさひこ》神社に立ち寄った。さきに記した善楽寺と土佐神社でも感じたことだが、廃仏毀釈以前の、神と仏本来の姿を思い出し、隣り合わせの一宮と、セットで巡礼としたら如何かと思う。グッズなどを販売し、巡礼の手ほどきを受ける参拝者で溢れる霊山寺を後に、大麻比古は、長い参道と、大麻山を背負った第一級の社であるが、蝉時雨と、木の葉のざわめき、そして、通り雨の音だけが、切なく聞こえたのは気のせいだろうか。

足摺岬の海

西大寺叡尊と五輪塔

其の4

西大寺奥の院・法界躰性院にある重要文化財／叡尊五輪塔

弘安四年（一二八一）年七月　八十一歳。
九日、石清水八幡宮大乗院に着いた。十日、山上に参詣した。十一日早朝、上皇の御幸があり、五百八十余人の持斎僧によって一切経の転読の発願をした。十二日、大法会が修された。叡尊が奉転読した。十三日、転読一切経は終功した。

「金剛仏子叡尊感身学生記」

『興正菩薩七百年御遠忌記念 興正菩薩御教誡聴聞集 金剛仏子叡尊感身学生記』
平成二年　西大寺発行より引用

南都七官寺の一つで、奈良時代、称徳天皇により創建された西大寺だが、東の大寺、東大寺に対して西大寺は、「駅名」としての認知度の方が高いように思う。だが、かつての西の大寺は、興福寺や薬師寺をはるかに超える寺領を誇り、薬師堂、弥勒金堂、四王堂、十一面堂、東塔に西塔までもが建ち並び、屋根には三彩や緑釉瓦がきらめく、まさに目を見張る大寺院であった。西大寺は、平安遷都により衰退の一途を辿ったが、その中興の祖として知られるのが、本稿の主人公叡尊である。

叡尊は、一二〇一～九〇年の生没年から明らかなように、ほぼ十三世紀鎌倉時代を生きた。興味深い事は、『金剛仏子叡尊感身学生記《こんごうぶっしえいそんかんしんがくしょうき》』という自伝を著していることだ。

現在の奈良県大和郡山市に、興福寺の学侶を父に生まれ、若くして母親を亡くし、養母の縁で醍醐寺に預けられる。十七歳のときに、東大寺戒壇《かいだん》で受戒し、密教に学ぶが、魔道に落ちる密教僧や、戒律《かいりつ》を守らない僧侶のあり方に疑念を持つようになる。ちょうどその時期に、持戒僧（戒律を守る僧）が西大寺に置かれたことから、西大寺宝塔院に住み、戒律を誓う「自誓受戒《じせいじゅかい》」の儀礼に参加する。その後、正しい仏教を盛んにして、人々を幸せにする「興法利生《こうぼうりしょう》」をスローガンに、多岐にわたる独自の社会宗教活動を展開していった。

叡尊は、行基をモデルに、貧しい人々の為に給食所や宿舎を、悪路や難所、橋や港湾などの社会基盤整備にも従事し、不正を諌め、むやみに生き物を殺してはいけないなど、民衆の心と生活を救う目覚ましい社会活動を行った。

二〇一六年に、奈良国立博物館博に於いて大きな展覧会が開催された高弟忍性とともに、ハンセン病患者にも手を差しのべ、忍性が開いた鎌倉の極楽寺を中心とした活動に参加するため関東下向、時の最高権力者である北条氏とも結びつき、西大寺以下三十四の末寺は、将軍家祈祷寺となって、叡尊から受戒した在家者は男女あわせておよそ十万人にも膨れ上がっていった。特筆すべきは、法華寺に戒壇を設け、一人前の尼たる比丘尼を誕生させ、救われる側から救う側へ、実際に弟子の名簿を見ても、男性三に対し、女性二と比率が高いのである。しかも、六人の比丘尼に対しては、密教の最高儀礼である伝法灌頂《でんぽうかんじょう》を行なったのであった。

文永元年（一二六四）には、光明真言会《こうみょうしんごんえ》を創始し、一定程度の土地を寄進すれば成仏が保証されたので、信者は増加し、僧尼の結束が強化された。叡尊教団は、葬送儀礼に際し無量の功徳があるという光明真言を二、三、あるいは七遍唱えれば、一切の罪障を滅するとした。とくに、真言を唱えつつ、祈祷した土砂を、死体や墓にかけるならば、死者の一切の罪障が消滅するだけではなく、地獄に堕ちたものも、西方極楽浄土に往生できるとした。後世に菩提《ぼだい》が得られ、成仏を保証することによって、多くの信者を獲得したのであった。叡尊の活動は、民衆や

重要文化財／金銅火焔宝珠形舎利容器／室町時代／奈良・西大寺蔵／納められている舎利は、叡尊が伊勢で感得したものと伝わる。

大阪府指定文化財／河内寛弘寺墓地五輪塔／鎌倉時代後期 正和四年 1315年／高180㎝（南河内郡河南町）

［五輪塔の各部名称］

右：善法律寺本堂
上：八幡大乗院（廃寺）にあった五輪塔（鎌倉時代）／高220㎝／廃寺後の大正10年（1921）に、善法律寺（八幡市）に移築。八幡大乗院は、叡尊が元寇に際して降伏の祈祷を行った石清水八幡宮の宮寺。

北条幕府だけではなく、後嵯峨上皇に授戒を授けるなど、上下両方向から教化していく。蒙古襲来に際しては、敵国降伏の祈祷を、石清水八幡宮で七日七夜祈祷し、般若寺では文殊菩薩の供養を行い、伊勢神宮にも詣でて、神祇信仰と結ぶなど活動は多元的だった。

正応三年（一二九〇）八月二十五日、叡尊は入滅、同二十七日に西大寺西北（現・奥の院）を荼毘《たび》所と定め火葬し、その場所に総高三メートル五十センチを超える五輪塔を、死後五十日後に建立した。西大寺北面の土塀に沿って西へ行くと、小さな案内板があり、右手に折れると、急に空が開け、大石壇上に大五輪塔が安置されている（75頁）。花崗岩製の雄大なもので、隣には歴代住職のものか？小振りの五輪塔もある。

五輪塔は、下から地輪、水輪、火輪、風輪、空輪と呼ばれる五つの石を積んだもので、地輪の下に納骨する墓塔である。叡尊は、さきのような多元的な活動をしたが、「釈迦の正法に帰れ」を目標に、強烈な釈迦信仰を中核としていた。末法思想の広まった平安時代末期、無仏世界の世において、釈迦の遺物である舎利の力にすがろうとし、五六億七千万年後に仏となってこの世に下生《げしょう》し、

上：石清水八幡宮 頓宮／74・80頁：重要文化財／石清水八幡宮五輪塔／鎌倉中期／高約600㎝

大阪府指定文化財／中央惣持五輪塔
5基 鎌倉後期／中央塔高293㎝／
西琳寺（羽曳野市）叡尊中興の寺

三回の法会（龍華三会）を開き、すべての人々の救済を願った。西方極楽浄土とともに、弥勒浄土への信仰も隆盛で、葬送文化の発展に伴い、西大寺だけではなく、鎌倉極楽寺等千五百を越える寺院の墓所管理も行うことになる。教団は、石工集団を組織統括し、十三世紀末から十四世紀半ばにかけて、この墓所のような、塔高が二メートルを超える巨大な五輪塔を建立、現在も全国各地に六十基ほど分布しているという。

僕はかつてこれと似た、見上げるような五輪塔を、先に記した蒙古襲来の祈祷を行なった石清水八幡宮の麓で見た事を思い出す（80頁）。調べてみると、旧極楽寺（石清水八幡宮の宮寺）のもので、寺は廃寺になったが、塔のみ残ったものだった。現存最大と知って久しぶりに訪れてみると、地輪や水輪など一つ一つはぎょっとするほどの大きさなのだが、塔全体のバランスはとれていて、ご維新の鳥羽伏見戦いで焼失して、大正期の再建された石清水八幡宮の頓宮を見守っていた。

だが、こうした巨大な五輪塔は、財力も必要なので、講を組織し、集団で共同墓を建立した場合もある。西大寺末寺の河内寛弘寺墓地（78頁）は、生憎霞がかかっていたが、二上山から葛城金剛連山を見渡す高台の、その最上部に鎌倉後期の高さ約一八〇センチの五輪塔が建っていた。地輪には正和四年（一三一五）の年号が刻まれており、さきの石清水に比べると小振りだが、墓地のシンボル的存在になっており、辺りには、それを模したのか？小さな五輪塔も見受けられた。

八尾市垣内墓地は、行基がつくった河内七墓の一つで、総高三メートル近くある五輪塔が一番奥まった高所にあり、寛弘寺墓地と同じように、信貴山麓の高台に有り、こうした墳墓は、古墳の頃よりの伝統なのか？　風光明媚なところが選ばれたような気がする。ここは叡尊が再興した教興寺の近くにあり、古市古墳群の広がる羽曳野の、僕の大好きな応神天皇陵の程近く、旧市街にあった西琳寺も、叡尊中興の寺で、伝叡尊の三メートルに及ぶ五輪塔を中央に、鎌倉時代後期の五基の塔が並んでいる（82頁）。風格があって、大和郡山市にある聖徳太子ゆかりの古刹額安寺の、忍性菩薩の五輪塔（左）にも言えるのだが、個人の供養塔と思しきものは、物寂びた美しさを醸し出しているように思う。

叡尊塔の前には骨容器だった石があり、額安寺の八基の中で一番巨大な、同じく三メートル弱の忍性の五輪塔は、文化財の解体調査で、塔の下から、忍性とその弟子合わせて九個の骨蔵器が発掘された。

「墓を建てる」。わざわざ硬い石を彫り、巨大な五輪塔を積み上げたのは、五六億七千万年もの永遠なる時間に耐えうるだけの、骨蔵器の収まった明確な場所を構築したいと言う信仰の賜物に他ならない。

重要文化財／鎌倉五輪塔8基のうちの5基 鎌倉後期／281～111㎝ 額安寺（大和郡山市）
第一塔が忍性菩薩、第二塔が善願上人の供養塔

先に記したように、弥勒下生信仰は、途方も無い未来において、霊魂の依り代としての火葬骨を、堅固な五輪塔に託したのである。

額安寺忍性菩薩の骨蔵器の銘文には、「はるかに當来る三会を期す」と記されている。強烈なる信仰心から生まれた仏塔は美しく、未だわずか八百年後の現代は、五六億七千万年後に仏となってこの世に下生しようと深く信じた先人たちに、どのようにうつっているのだろうか。

「朱」色を生んだ源泉

縄文と弥生を結んだもの。山や瀧、木などの自然信仰がその根幹ではあるが、太陽や星の運行と並び、王者たちに珍重されたのが「朱」であった。国津神と天津神が融合し、神と仏が習合し、倭から日本へ国の礎が成る過程で、稲作文化と対極をなし、古層の縄文的な人々が底知れぬ力を持っていた。井光や土蜘蛛が「尾を生やした人」、「光りある人」などと恐れられたのは、朱から水銀を取り出す神業を会得し、人智を超えた霊力を持っていたからに他ならない。半獣半人の異種族のような扱いをうけたのは、朱で赤く染めた洞窟を掘り、地中を縦横無尽に駆け巡り抵抗した厄介ものだったからだ。

水銀は、清らかな水と交わることにより、あるときは薬に、あるときは金を産み、毒をも作るのである。丹生の神々はそれを差配する女神で、その傍らには狩場明神のような、後に修験者と呼ばれるものどもが跋扈していた。飛鳥から奈良時代にかけ仏教が渡来し、在来の神々との間で戦闘を繰り返した頃、古代から魔物が棲んだ山中に、自らの神を求めて山野をかけめぐった修験者は、ときには里におり、多くの人々に愛された。呪術的な霊力から得た知識や、山にある薬草などに通じ、病気を治療する役目も担っていた。

「青丹よし……」。三輪の倭王朝が、伊勢に神殿を遷したのはなぜか？　持統はなぜ吉野に、二十回を超える行幸をしたのであろうか？　倭から日本へ、その源泉が朱であったのではないかと僕には思える。折口信夫は「丹生の神は貴種を産湯で取り上げる神女」だと記しているが、朱砂を焼き、そのガスを水に透かすと現れる水銀を取り上げた丹生族は、最先端のハイテク集団だったのだろう。権力者は稲作とは全く異質の、縄文的な朱の王国を切り崩したのではあるまいか。「朱に交われば赤くなる」。諺の意味は、人ひとりがやっと入れる蝙蝠穴に風穴をあけ、朱の秘密をあばき、また朱の利権を独占した階層が穴を塞ぎ、封印したからに他ならない。技術の進歩や時代の変化で、一般にも広まった過程で、中世になり「根来」の爆発的な展開をみせたのは、神仏が習合し、十一面観音や朱が一定の役割を終えたからだと言えるのではないだろうか。

目の眼（２０１３年11月号）の表紙は、暗いはずの洞窟を、みずがねで鏡のように、満天の星のように青に、銀色を染めた一族と、我々の古層の神々、そして朱色を生んだ源泉への、僕的なレクイエムなのである。

「真金吹く丹生の真朱の色に出て　言はなくのみぞ我が恋ふらくは」(万葉集)

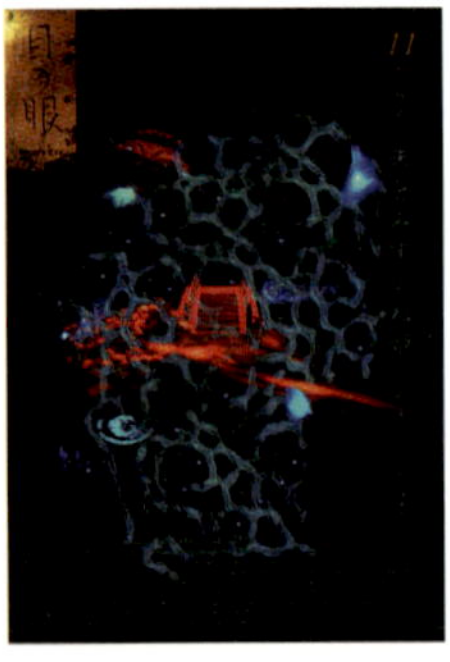

第三章

白洲正子の足跡を追う

「春日の春日の国」を巡る

僕は白洲正子の文章や会話がきっかけとなり、津々浦々の「かくれ里」を巡ってきた。そして、櫟野寺の秘仏（104頁）と対面して、長年の懸案の一つが晴れた。

春日大社の春日若宮おん祭に初めて詣でたのはもう十年以上前だが、その体験は今でも鮮明である。それから毎年十二月十六日、日付がかわると春日の若宮からお旅所へ神様が渡御する「遷幸の儀」と、翌にお帰りになられる「還幸の儀」は、折々場所をかえて参拝し、この数年はマイベストポジションで手を合わせている。ちょっと長いが初体験をそのまま記す。

鹿を見て何だか怪しい気分になっていると、大地に大松明が引きずられ、沈香の馥郁たる香気が漂っ

飛火野より御蓋山をのぞむ
春日大社境内

其の1

てきた。火と、何とも言えぬいい香りが、地と気を清めて、僕も五感ならず第六感までもがますます冴え渡り、どこか遠くのほうからうなり声まで聞こえた。これはいよいよどうかなりそうな甘美な心地でいると、背後から「ヲー」という地に轟くような声が聞こえてきた。それはだんだん大きくなり、目の前を幾重もの「ヲー」という声とともに、何本もの榊を持った集団が、もの凄い速度で通り過ぎた。僕は一瞬だが、まさしく「カミ」を見たのだった。正確には形になったモノではなく、あの榊の中に何かがいた。古代ギリシャやヒンズー教の神々は、例えばゼウスは老人の姿をし、アポロンは青年の容姿で現れるなど、具体的な肉体を持っていた。一方、日本の原始の神々は、そうしたインカネーション（化身）はなく、目に見えないが空中を一瞬のうちに飛び、憑依する性格を持っていた。

白洲信哉「日本の神とは何か」

文章各所に気恥ずかしい部分はあるのだが、こうした感動は、人生に何度もないと思う。先般の遷宮で、新しくなった社殿に参拝したり、今夏には御蓋山本宮神社へ登拝したが、特別なる感慨はなかった。流行り言葉の「パワースポット」は、個人差がある以上に、カミサマの性質上、漂っているものだと僕は思う。

春日の不思議は、重層的で多面的な顔をもっていることで、白洲が、「春日の春日の国」（白洲正子『道』新潮社刊所載）としたのは、春日の後戸は深く、根源の地主神的なアプローチから紐解こうとしたのであろう。神護景雲二年（七六八）年創建という春日大社は、ある日突然誕生したのではなく、縄文的な自然信仰が礎にある。まずは春日山から高円にかけての「東山中《ひがしさんちゅ》」一帯を、文に従って歩いてみようと思う。

白洲はまず、山中の石仏に着目する。あたい地蔵、足痛地蔵、ほうそう地蔵、切付け地蔵……から、遠くは室生大野寺弥勒磨崖仏に、白洲に同行したことがある笠置寺虚空蔵磨崖仏に、有名は伊行末派の石工と解説しながらも、仏教以前の巨石信仰へ話が及ぶ。祖母が取材中に「あれいい石」と持ち帰り、文章を綴る折の触覚となったのは、何かしらの現場感みたいな、実感を欲していたのだと思う。

僕は式年造替に特別公開された本殿裏の白い漆喰で覆われた磐座《いわくら》が頭から離れない。上手く説明出来ないのだが、ショックというのか、やはりここは第一義的には貴族の社なんだと直覚する。支配者が恐れたのは「怨霊」であり、土俗的な不気味さなのであろうか。「春日権現験記絵」に、「石据え」の様子が描かれた場面があるが、病魔悪霊の防御として「塞《さい》の神石」のように僕には思えて仕方が無かった。供養怠ることなく日々祈り、春日明神の謡曲が生まれ、多くの春日曼荼羅が描かれていったのである。

◎白砂川にそって

白洲の原点信仰は続く。天岩立《あまのいわたて》神社は、「びっくりするより恐ろしい感じがした」と記し、夜支布《やぎう》山口神社は、「春日神社の若宮を移したという社殿は、重要文化財になっているが、その背後に注連縄《しめなわ》をはりめぐらした岩があり、やはり御神体であることを示している」という。「石仏の祖先は、仏教というよりむしろこうした所に見出されるのではなかろうか」と白洲が記したように、社殿はのちの付け足しで、仏教などの影響により、形式化された神道のかたちなのである。さきの本宮神社も、社前の自然石で囲んだ磐境《いわさか》にカミサマをお迎えしたという。

白洲は取材中に柳生の古老に会い、夜支布山口神社を土地の人々は「神皇宮《こうのみや》」と呼び、古墳であることを知る。そして、ここに伝わっている「太鼓踊り」と「廻り明神」に、お能の原型や能面以前の姿、そして水越神社の能舞台に、かつて『能面』のときに取材した丹生《にう》神社の古面が蘇る。想像は膨らんできて、丹生都比売《にうつひめ》と高野山、丹生神社とこれから訪れる神野山の、目の前に広がった景色とが重なってくる。所変わっても……僕はいつも思うのだが、村々の信仰の基本は同形で、部族と部族が結びつき、豪族が生まれ、そこに芸能や文化が開花し、都が成り寺社仏閣が建てられる。やがて、時が経つと、権力争いの敗者の地は、なにもなかったように忘れられていく。春日をみて思うのは、勝者の側であり、やはり、継続こそ力なりなのだ。

◎布目川から神野山へ

次に白洲に従って、天神社《てんじんじゃ》から伏拝、そして神野寺にあがっていったが、「日本の仏教は弥勒信仰にはじまる」

① 笠置寺弥勒と虚空蔵磨崖仏
② あたい地蔵　③ 足痛地蔵
④ ほうそう地蔵　⑤ 阿弥陀磨崖仏（切付け地蔵）
⑥室生寺大野寺弥勒磨崖仏

上：天立岩
下左：丹生神社本殿
下右：本宮神社遥拝所
春日大社境内

王塚（神野山山頂）
春日大社境内

とし、神野寺伝来、奈良国立博物館寄託の弥勒菩薩から、「物いわぬ自然の神々に、弥勒という神秘的な存在を重ね合わせて見ていたのかも知れない。垂迹《すいじゃく》という思想は、そういう所に起こったと思うが、次第に山岳信仰と結びついて、山の奥や辺境に祀るようになったのも、未来に現れる仏という性格からいって自然なことであった」とした。「山の上に墓を築くのは、古墳時代も最初のころの形式」と白洲が記した小さな円墳が山頂にあり、僕はさきの、「神皇宮の古墳」とともに、社殿信仰以前の姿に思いを馳せる。古墳時代というと、神社とは無関係なことのように思えるが、古墳だったところに多くの社があり、古墳こそ神社信仰の原型だと僕は思う。祖先の永遠なる住居の建設に当たったのと、神々の住まいの場を選定するのは同じ行為で、風光明媚なる好風景を選んだ類い稀なる自然愛があったように思う。「崇拝した神体山は、また祖先の魂が鎮まる霊地」とあるように、前方後円墳の円墳に縦穴を築き、亡骸をおさめ、前庭に祈りの場をつくったのである。最も大切なる人々のために墳墓を営んだ祖先崇拝は、歴史を重ね、複雑化するうちに、象徴的な祈りの場が里におり、神社となり、春日曼

天神社／春日大社境内

茶羅が礼拝用に貴族の家々に掛けられた。人類が辿ってきたのはいつの時代も合理化であり、信仰の形骸化なのだ。そうした二礼二拍手以上に大事な祭りがおん祭りだと、白洲は文章を結んでいる。「春日には若宮神社というものがあり、その若宮の「おんまつり」だけは、古代の祭祀の形を今に止めている」。冒頭に述べたが、これは体感して頂く以外の道はない。

◎若宮信仰について

「大柳生七ヵ村の氏子が奉仕するのは、この若宮の「おんまつり」の時だけで、春日神社とは関係がない。「お旅所」という名前も意味ありげだが、それは神様が旅するところから名づけられたのであろう。そして若宮の旅ならば、神野山から春日山へ降臨した時の有様を再現しているのではあるまいか。その時、東山中の氏子達も、真夜中に御神体のお供をし、春日山の「柳生みち」をひそかに越えて来たに違いない。（中略）若宮の「おんまつり」こそ、春日氏が辿った歴史の再現に他ならず、文字を持たない古代の人々が、行動によって伝えて来た無言の記録というべきだろう」と白洲は断言している。

大和の南、三輪の神々は、春日よりさらに古く遡るが、その後戸は都祁《つげ》を中心とした大和高原にあり、その辺りを歩いてみると、春日と同じく、山中の狩猟的な民族が、平地に降り、稲作をはじめたと僕は確信する。こうした山住の部族たちの共通した大きな資源が「丹生」だと僕は思っているが、往来し混淆《こんこう》、山から里へ、里から山へ。また海を渡りまた戻りと、縄文＝狩猟、弥生＝稲作というような紋切り型の浅はかな区分けではない。

何より僕がおん祭に魅かれるのは、八百八十有余年にわたり途切れることなく行われていることである。さきに「継続こそ力」と記したが、日本の信仰が尊いと僕は思うところは、歴史の表舞台に居た藤原摂関家然り、このような歴史の裏側を消し去ることなく、曼荼羅や祭礼、摂社末社の小さな祠に面影が感じられることである。東大寺修二会《しゅにえ》にご奉仕しているのも、奈良の東、伊賀や名張《なばり》の縁あるかたがたで、大松明の松や練行衆《れんぎょうしゅう》の食事作法など、奈良の祭礼各所に、広大無辺な深さ、日本以前の大和（倭）が隠れているように僕には思える。

ある春日若宮曼荼羅には、参道で童子姿の文殊菩薩と僧侶が出会っている場面がみえる。春日大社は明治以前神仏習合の時代は、春日社興福寺として寺と一体であり、南円堂の不空羂索《ふくうけんさく》観音＝春日神として、祭礼における僧の社参や参籠は、時代差はあれ日常であった。「春日神社は、春日の国津《くにつ》神の面影を未だに失っていないのである」と白洲がしたように、春日の社頭から仏教色は排除されてはいるが、興福寺南円堂の勤行《ごんぎょう》に際して、「南無慈悲万行菩薩」と唱えるという。興福寺多川俊映貫首が、「それは多分に外形的な神と仏の仕分け」と言うように、形は崩れても心の中には生き続けており、わが国は、お隣の国のような王朝交代、文化大革命はなかったことを実感する。

春日は、東国の神々や、元の枚岡《ひらおか》社、近隣の多くのカミサマが渡って来て、一様ではなく、春日を何かと一言では無理だが、白洲正子の「春日の春日の国」と言うより、「日本の春日の国」と言っても言い過ぎではあるまい。

上：春日若宮おん祭／和舞
(写真提供：春日大社)
中：春日若宮御祭礼絵巻／巻下／紙本着色／江戸時代／17世紀／縦38.0×横1708.3㎝／春日大社蔵

春日若宮おん祭(例年12月15日～18日)

15日　大宿所　御湯立(14時半、16時半、18時)
17時　大宿所祭[市内餅飯殿町]
16日　14時　宵宮詣[若宮]
16時　宵宮祭[本社・若宮]
17日　0時　遷幸之儀[若宮から御旅所までの参道]
1時　暁祭[御旅所]
正午　お渡り式[県庁前から市内を巡り御旅所まで]
「影向の松」の下で松之下式、参道にて競馬、流鏑馬、御旅所にて御旅所祭が22時頃まで続けられる。
23時　還幸之儀[御旅所から若宮までの参道]
18日　13時　奉納相撲・御宴能[御旅所]

湖北の仏

其の 2

琵琶湖の北、俗に湖北と呼ばれる地域には、約一三〇体もの観音さまが伝わっている。ことに平成の市町村合併によって長浜市となり、「観音の里」を地域観光の柱として、二〇一四年に『観音の里の祈りとくらし』展が、東京・上野の東京藝術大学大学美術館で開催されたことは記憶に新しい。二〇一六年、その第二回展が開催されると聞き、地元長浜を取材に訪れた。

湖北一番のスターは、二〇〇六年、東京国立博物館で開催された『一木にこめられた祈り』展に於いて、寺外初公開された渡岸寺（向源寺）のひと際だった十一面観音像である。同年にお堂も新しくなり、三六〇度から拝観できる圧巻のスペースとなったが、祖母が初めて拝んだ頃は、旧収蔵庫以前の、古びたお堂だった。

> 私がはじめて行った時は、ささやかなお堂の中に安置されており、索漠とした湖北の 風景の中で、思いもかけず美しい観音に接した時は、ほんとうに仏にまみえるという 心地がした。ことに美しいと思ったのはその後ろ姿で、流れるような衣文のひだをなびかせつつ、わずかに腰をひねって歩み出そうとする動きには、何ともいえぬ魅力がある。
>
> 白洲正子『伊吹の荒ぶる神』

祖母の文章に触れ、初めて訪ねてから、本取材で何十回目であろうか、後ろからの凛とした尊い色っぽさには惚れ惚れする。俗化されると、初《うぶ》な良さを失う所は数多いが、時代にあわせ最低限の整備にとどめ、僕はほっと

千手観音菩薩立像／重要文化財平安時代／像高173.6㎝／日吉神社（赤後寺・長浜市高月町唐川）

している。寺の隣には、旅のスタートとして、最適な資料館（高月観音の里歴史民俗資料館）があり、湖北仏像のプロフェッショナルである佐々木悦也学芸員に道案内をお願いした。

米原駅を降り、来現寺に訪問を伝えると、住職の奥様とお孫さんが、お堂の鍵を開けてくださる。ここに限ったことではないが、観音さまが生活の中に溶け込んでいて、大袈裟なことではなく、守をさせてもらっているという。

さて、弓削神社隣のお堂に、重文の聖観音像が祀られていた。衣のひだがざっくり太く、大きな渦の文様等見所多いが、出先から戻った住職が「一周回しましょう」と台座を動かし始めたことには驚いた。同時に、ちょっと得意気な表情に、観音さまへの親しさと、愛情をみた。

次の、西野の充満寺でも、百軒ほどの村に、奉賛会が組織され、九人からなる任期三年の役員が、五日交代で維持管理していた。所属はお寺ではあるが、西野薬師堂の通称で通っている。

今回は出品されないが、本展一回目の展覧会で印象に残っていた赤後寺《しゃくごじ》の千手観音立像（97頁）を拝むため唐川の集落に向う。この辺りは、頂上から臨む竹生島《ちくぶじま》が美しい山本山に端を発し、※賤《しず》ヶ岳古戦場へと、古墳時代を包括する全長三キロを超える古保利《こほり》古墳群が西に、一帯は田園風景が続いている。電線や信号、看板がなければ、随所に撮影ポイントが広がっている。

村の奥、日吉神社の境内に、自転車でかけつけた当番の方が待っていてくださる。「拝む前に鐘をつきなさい」と促され二度試みる。遠くに、この村の野神《のがみ》である大杉が見えた。お宮の「※オコナイ」と、毎年の千日会などとともに、よそ者には境界不明な背中合わせの村々には、必ず専属の野神があり、独自の祭や習慣があること

上：充満寺　西野薬師堂のオコナイ祭具
下：野神として信仰されている大ケヤキ　高月町（柏原）「野大神」の石碑が建てられているが、通常は野神（のがみ）と呼んでいる。

木造十一面観音立像（腹帯観音）
平安時代／像高149.0㎝／大浦観音堂（長浜市西浅井町大浦）

を知る。

本堂に入ると、かつて一年に一回、蝋燭の灯りで拝んだ秘仏は、暗いお厨子の中に居られた。失われた腕や後補の頭部などは感じさせずに、一木の力強いお顔に目が釘付けになる。厄転じて利を施すと信じられ、参拝すればコロリと彼岸にいける伝承から、「コロリ観音」と親しまれた。賤ヶ岳の戦いの折には、近くの川に沈め護ったと言う。

翌日訪れた腹帯観音（左）も、※姉川合戦の戦火を避けるため、神社の池に八八年もの間、沈んでいたという。池から泥まみれで掘り出された際には、少しでも観音像を護ろうとしたのであろう、多くのさらしが巻かれていたという。その布を腹帯とし、妊婦に分けられ、皆が安産だった事から信仰が生まれ、今に至っている。一昨年、一回目の展覧の際には、「普段通り」ということで、腹帯付、美術展では異例な事だが、信仰を優先したのだった。此の度、間近でその信心を目の当たりに、ある方は三人目の祈願に、県外からの参拝者も多く、昨今は安産のみならず子宝の願いに参拝者が絶え間ない。腹帯観音は、平成十五年に盗難にあったが、捜索活動に懸賞金をかけ、安産祈願は続けられ、その願いが約一年半でとどく。この地の観音さまは、単に美しいだけではなく、神々しいのは、絶え間ない信仰心と人臭さなのかもしれない。

国宝及び、重文に指定されている十一面観音は全国に約二〇〇。そのうち五分の一が滋賀県にあり、この一帯は、県や市、それに未指定のものを含めたら大変な数になると思う。

そんな中の変わり種が、ユニークな出自をもつ堂外初公開、大見村の医王寺にある重文の十一面観音像（101頁）である。明治二十年頃、長浜の骨董店からこの寺の和尚が買い求め、自ら背負って運び、その後、村でお金を集め、寺にお堂を建設、昭和初期からお護りしている。やはり仏様は、美術と信仰が一体となり、より一層深まっていくと改めて思う。像は単なる文化財ではなく、人が関わる事で生き生きと、自然は人の手が適度に入いることにより、下草が生え、森に新たな生命が宿るのと似ている。この地の多くの仏たちは、人々の信仰心から湧き出たおらが村の仏たちを救おうという使命感によって、寸でのところで救い出され、平和な時代になりお堂が建設され、今にその姿を伝えているのだった。

続いても、本展一回目の印象から、安念寺に伝わる諸仏像に会いに行く。これらはいわゆる破損仏と言うのだが、表面は粗雑になっているものの、千年以上続く魂は失っていない。そして、信長による合戦や賤ヶ岳の戦火。さらに不心得ものによる盗難の悲劇を乗り越え、現在は十軒の家々が協力し、「いも観音」（102頁右）と親しみを込めて呼んでいる。ここも同じように、隣り合わせの八坂神社でオコナイをしている。僕はたびたび明治の神仏分離の弊害について記しているのだが、この辺りはなんの影響を受けなかったのか？　本来の姿、神仏が仲良く同居している。

馬頭観音立像の坐す横山神社は、古墳を有する立派な社叢が美しく、横山村の鎮守横山大明神であり、岡本神社の十一面観音坐像（103頁左）は、あえて幕の中でおさまっている姿を撮す。祖母が取材の折、裸足で参拝した菅浦の阿弥陀寺には、聖観音坐像に、堂外初公開となる阿弥陀坐像と、いずれも今回出展される仏像にお参りしたが、展覧会では決して味わうことのない現場感である。夥しい古墳や、社叢に野神のご神木。ときどき現れる竹生島の美景……、目だけではなく、土地の匂いや、何より村人たちとの触れ合いが微笑ましい。佐々木さんは、展覧会の実務だけではなく、行事の日程や方法など、合間にしっかり記録し、多様な歴史を記録されていた。

桜の一木造りと、一昨年の展覧会で僕の記憶に刻まれた善隆寺の十一面観音像は、丈六の仏頭（102頁左）と並んで寺の収蔵庫にあった。ここも管理は寺だが、村人が和蔵講という講を組織し護っている。九十歳近くだろう、お婆さまが「今日は野休みで、お供えを作りました」と、赤飯好きの佐々木さんに、ヨモギの葉を蒸して作った草餅の神人共食をすすめている。飾り気はないが、切れ長の細い目に、はっきりとした鼻筋の美男子と、愛嬌

重要文化財／木造十一面観音立像／平安時代／像高 145.4㎝／医王寺（長浜市木之本町大見）

のある阿弥陀さまが、「どうぞお裾分け」と話しかけていたように見えた。

今回一番の目玉である堂外初公開、重文の伝千手観音立像（103頁右）をお護りしている黒田集落のお婆さまも、「ほんとに幸せ」としみじみ、僕は感じ入る。

この地の方々は米を作る生産の傍らに、「うちの観音さま」という当たり前の存在として、二メートルになる長身の一木がいつもあらせられるのだ。黒田官兵衛の先祖の墓だという欠損の宝篋印塔にも、花を添え祀っている。取材を続けてこれほど心が満たされて、温まることは稀である。

最後に、本展では出品されないが、湖北エリアでもう一つ、最初の渡岸寺の国宝と並んで、外せない石道寺の十一面観音を紹介したい。

この十一面観音さまは、村の娘さんの姿をお借りになって、ここに現われていらっしゃるのではないか。素朴で、優しくて、惚れ惚れするような魅力がお持ちになっていらっしゃる。野の匂いがぷんぷんする。笑いをふくんでいるように見える口もとから、しもぶくれの頬のあたりへかけては、殊に美しい。ここでは頭に戴いている十一の仏面も、王冠といったいかめしいものではなく、まるで大きな花輪でも戴いているように見える。腕輪も、胸飾りも、ふんわりと纏っている天衣も、なんとよく映っていることか。それでいて、観音さまとしての尊厳さはいささかも失っていない。しかし、近寄り難い尊厳さではない。相談でものって下さる大きくて優しい気持を持っていらっしゃる。恋愛の相談も、兄弟喧嘩の裁きも、嫁と姑の争いの訴えも、村内のもめごとなら何でも引受けて下さりそうなものを、その顔にも、姿態にも示していらっしゃる。

井上靖『星と祭』

あえて写真の掲載を控えるが、見逃してはならない最

安念寺堂内。菩薩形立像、如来形立像（いも観音）／平安時代／像高146.7㎝／安念寺（長浜市木之本町黒田）

重要文化財／木造仏頭／平安時代／総高65.1㎝／善隆寺（長浜市西浅井町山門）信仰篤いお婆さまが作った草餅が供えられていた。

高最美の十一面観音を最初と最後に記した。僕は、井上靖『星と祭』を改めて読んで、この旅にのぞんだのだが、子どもを失った父親が、鎮魂のために巡礼するストーリーは、筆者もこの地を取材するうちに浮かんできたように僕は思う。物語はヒマラヤへと大きく展開するのだが、竹生島の弁財天に導かれ海を渡ったのかもしれない。旅には様々な形があるが、名作がきっかけになることも多い。読者は、展覧会だけではなく、是非、現地に赴き拝んで欲しい。お護りになっている村人の姿と、観音さまを重ね合わせると、神仏の美的生活が、日常と一体化、観音さまは、最も美しいお姿を見せて下さるに違いない。

※賤ヶ岳古戦場／近江国伊香郡（長浜市木之本町）。一五八三年、織田信長の死後、家臣であった羽柴（豊臣）秀吉と柴田勝家が覇権を争ったことで名高い賤ヶ岳の合戦の舞台。
※オコナイ／初春に行われる五穀豊穰を祈る伝統行事
※姉川合戦／一五七〇年、織田信長と朝倉氏・浅井氏が近江国浅井郡の姉川を挟んで激闘を繰り広げた。現在の長浜市野村町付近。

重要文化財／木造伝千手観音立像／平安時代／像高200㎝／観音寺（長浜市木之本町黒田）

長浜市指定文化財／木造十一面観音立像／平安後期／像高99.2㎝
岡本神社（長浜市小谷丁野町）

かくれ里の秘仏

其の 3

十一面観音菩薩坐像
（滋賀・櫟野寺蔵）

東京国立博物館本館特別5室では、折々に素敵な企画展覧が催されているが、これから記す諸仏の東京展示は会期も長く、見逃せない一期一会である。本展の挨拶文に、「白洲正子氏は著書かくれ里で、街道から少し外れたひっそりとした里に光をあて、その中で櫟野寺《らくやじ》も取り上げました」とある。

> 帰りがけに、宮司さんは、「ここまで来たなら、櫟野寺も見ていらっしゃい。立派な仏像がたくさんあります」と教えて下さった。どうせ今日は一日つぶれてしまった。といって、日はまだ高い。ついてのことに、そこへも回ろう、ということになり、道をたずねながら行くと、二十分くらいでその寺へついた。油日からは東北に当り、山ぶところに抱かれて、静かに眠っているような山村である。
>
> 白洲正子『かくれ里』

今回、僕にとっても格別に感慨深い二〇一〇年に企画した※「生誕百年特別展　白洲正子神と仏、自然への祈り」において、本寺は目玉の一つと僕は考えていて、実はその折、祖母との前段のような深い縁もあり、三浦住職の特別のご理解を得て、重要文化財では、日本最大の十一面観音菩薩坐像であるご本尊「寺外初出陣」となる予定であった。が、担当学芸員の調査で、「大き過ぎて扉を壊さないと出陣できません」となった。僕は内心「壊せば良いのに」と思っていたが、此の度の収蔵庫改修という絶好の機会を見逃さなかっただけではなく、「平安の秘仏」と銘打ち、重要文化財に指定されている二十体全てを出陣した東博担当者にまずは敬意を払いたい。

会場を入ると、例外無く、その秘仏の像高三メートルを超える大きさに圧倒されることであろう（１０４頁、１０９頁）。大きく感じるのは、厨子がないためだろうが、それ以上に、十九体の平安仏が、そのご本尊と距離をおいて、見守るように展示されているからだろう。僕は、まずは正面から、そして右から左からと首が疲れるまで見上げていた。大きさというのは大事だが、細かなところまで行き届いている。一点、後補の光背がなければ、さらに後ろも見えて良いのになと思っていたら、図録が良く出来ていて、隠れていた大笑面（１０８頁右）のアップを掲載している。余談だが、帰りがけに本展の応援団である、いとうせいこうさんと、その光背を外せるかで盛り上がっていた。

話しを戻す。本展ではもう一つ丈六仏[※]が、本尊の後ろに鎮座している（108頁左）。光背はなかったが、解説には、同時期の制作だというから、逆だったらとちょっと残念。行ったり来たりしているうちに、この薬師如来さんと、ご本尊は、お顔がそっくりだと気付く。諸像の多くは甲賀様式[※]と呼ばれるようだが、本寺の奥の院本尊だったという伝説に頷いた。

本展は一回ではとても見切れない。一体に集中出来る時間は限られるからだ。僕は、さきの白洲百年展の折に、出品をおねがいした重量感のある毘沙門天立像に再会する。木の塊がそのまま仏になったようなボリューム感で、どこを切り取っても画になる。この像を祈願彫刻したと伝承される坂上田村麻呂のことについては本題ではないので別に譲るが、仏像のレベルの高さに、かつて七坊を誇った天台宗の古刹の栄華が偲ばれる。

櫟野寺は、七九二年（延暦十一年）に伝教大師最澄が比叡山延暦寺建立に際し、良材を求め当地を訪れ、櫟の

油日神社周辺から臨む油日岳。

霊木に観音像を刻んだことが始まりという。滋賀県甲賀市は、忍者の里として知られる以外は、一般にあまり馴染みがないかもしれないが、本展を機に、久しぶりに訪れてみると、祖母が記したような、当時のかくれ里の雰囲気、佇まいは失われていなかった。

近江は、中央にはあまり知られていない仏像の宝庫である。二〇一一年に白洲百年展も開かれた馴染みの滋賀県立近代美術館では、滋賀の文化財を収蔵公開する新たな美術館に再整備され、二〇二〇年に再オープンするが、二〇〇八年から休館中の琵琶湖文化館が管理してきた滋賀の各寺が守り伝えた仏像や仏教美術なども収蔵されることになる。現在、その新たな美術館への継承のための特別展が開かれ、『近江山河抄』などに、白洲が記した日牟禮《ひむれ》八幡宮のご神像や、同じ甲賀市飯道寺の十一面観音立像など、かくれ里縁《ゆかり》の神像や仏像が出展されている。

二〇一八年には、櫟野寺で新しくなったお堂での秘仏御開帳が予定されているし、冒頭に抜粋した近くの油日神社とセットでの参拝をすすめる。神田から遠望する鈴鹿山脈に連なる秀麗な油日岳の山容は、高度成長期に失われたかくれ里を蘇らせてくれる（106頁）。僕も是非

右：櫟野寺参道／福生山自性院 櫟野寺。天台宗総本山延暦寺末寺。「いちいの観音」と呼ばれ、親しまれている。左：油日神社本殿／油日神社。鈴鹿山脈の油日岳を御神体とする神社。

参拝して、祖母の追体験を果たしたいと思っている。

住職はしばらく厨子の前で、お経を唱えていられたが、厨子の扉は重いので、皆でお手伝いする。やがて、きしみながら開いた扉の中から、金色燦然たる十一面観音が現われた。大きい、というのが初印象であった。目鼻立ちも大ぶりで、全体にどっしりと、根が生えたような感じである。

白洲正子「十一面観音巡礼」

※「生誕100年特別展 白洲正子 神と仏 自然への祈り」二〇一〇年十月～二〇　年五月に、滋賀県立近代美術館、愛媛県美術館、世田谷美術館を巡回。

※丈六仏　仏の身長とされた一丈六尺（約四・八m）の仏像のこと。坐像は、坐った場合の高さとして八尺（約二・四m）とされた。櫟野寺の本尊十一面観音菩薩坐像は、髪際から像底まで八尺（約二・四m）である。一方の薬師如来坐像は、中国の周時代に用いられた周尺という計測基準で作られており、それに従うと髪際までの高さが八尺（約一・九m）であることから、ともに丈六仏であることがわかる。　参考：西木政統氏「仏像の大きさ」

右：重要文化財／十一面観音菩薩坐像／大笑面（暴悪大笑面）／頭頂の10面のうち後頭部上にある相。
左：重要文化財／薬師如来坐像　木造／漆箔／像高222.0㎝／平安時代／12世紀／櫟野寺蔵

重要文化財／十一面観音菩薩坐像（秘仏）／木造（ヒノキ材）／漆箔・彩色／像高312.0㎝／平安時代　十世紀／滋賀・櫟野寺蔵／重要文化財に指定されたなかで、日本最大の十一面観音菩薩坐像。台座から光背まで含めると5メートルを超える。

モノとは苦労すること

――ある日、京都の骨董屋さんで、平安時代の十一面観音を見た。ちょうどその頃私は、『十一面観音巡礼』を出版したところで、骨董屋さんは、単に参考のために見せたかったのだろうし、私の方としても、仏像などに手が出せる筈もないので、ただ美しい観音さまだと思って眺めていた。ところが、帰りの新幹線の中で、その観音さまのことがどうしても目に焼きついて離れない。

白洲正子「持仏の十一面観音」冒頭のくだりである。ルオーの絵を二年越しの月賦で支払ったばかりだとか、小林の祖父に相談したら「フン、十一面観音か。観音さまなら、日本人には誰だって解る」とか、書き記しているが、「勝手な理屈をこねあげて、ついに自分の物にしたのは、今から五年ほど前のことである」と骨董好きの手に入れるときの屈理屈と、支払いの苦労、そして何よりそれを手に入れ、使いこなす喜びを綴っている。来客や季節にあわせ、自宅奥の床の間に花を活け、飾っていたのだ。モノ書きとはその対象と交わる事、と小林は信じていた。骨董のことやルオーを書くとき傍らには、いつもそれらがあった。宣長の書や勾玉、李朝の白磁や備前の徳利……日常愛でることによって、生まれた文章がある。祖母の書き残したものの多くは、暮らしと骨董が混然一体となったものだ。また、モノは人との交わりなくしては語れないと思う。

――お前さん、十一面観音に興味があるんだろ。鎌倉の骨董屋でちょっと面白いものめっけたから、とっといてやろうか。それだけで私には大体どんなものだが想像がついた。骨董には阿吽の呼吸みたいなものがあって、たとえ片言でも解る時には解るものなのだ。ぜひとっていて下さいと頼んでおき、帰京するとすぐ頂きに行った。

白洲正子『十一面観音　磚仏』

ときにはぶんどられ、逆にぶんどってきたモノもあったと思う。「こんなモノ」という快感と、一瞬の優越感。困ったものである。この磚仏は『十一面観音巡礼』の表紙を飾る。「私が死ぬ時はこの観音さまが、優しく見守って下さるに違いないと信じており、そう信じているだけで充分なのである」と「持仏の十一面観音」の文を結び、日々共に暮らした持仏ではあったが、僕の記憶では、新たな欲望を満たすため、信じた願いは果たせなかった。「骨董には阿吽の呼吸みたいなものがあって」と記したが、最後の買い物となる粉引徳利は、モノを見ずに電話口で「買った」と叫んだのだ。僕は「ちょっと見に来ませんか？」と言う古美術商の悪魔の囁きは、そんなことと同義と昨今了解しているが、モノを手に入れるとは「苦労すること」だということもまた、年々、身に染みている。

白洲正子／43歳頃旅先で
写真提供：旧白洲邸 武相荘

第四章

海外にて

米国「美」の殿堂

其の 1

旅には様々なきっかけがある。勉学や恋人と、オペラや自動車レースなど、明確な目的がある場合も多いだろう。今回は、美を人生とする畏友が、「浜松図屏風、あれは凄かった」と、興奮が伝わってくるラインを受け取ったのが発端だった。米国、ワシントンのフリーア美術館は、創業者の意向により、貸し出し厳禁なため、宗達の逸品を見るには、現地に行かねばならないことは随分前から承知していた。慌ただしく決めた旅ではあったが、これを機に、僕は長年の懸案を解消するべく、ワシントンだけではなく、一週間で行けるだけ、やっつけようと決めた。

右頁：シカゴ美術館にて。訪問したどの美術館でも、こうしたギャラリーツアーや、学校の課外活動の一環とみられで椅子を持って歩くのがユニークだった。

左頁：シカゴ美術館　安藤忠雄師設計の展示室右手に信楽

◎シカゴ

朝早く到着、空港のホテルにチェックイン、この旅は、いかに効率的に美術館を巡るかが最優先である。ホテルやグルメは二の次。いつもと勝手が違うが、徹してみると悪くはなかった。荷物をおき地下鉄で市内へ、知らない土地でも、方向感覚はあるので、迷わずシカゴ美術館に着いた。平日の朝なのに館内は賑わっていて、中学生くらいか、課外授業があり、自由に撮影する方もいて、海外特有の美の愉しみ方に羨ましく思う。ルノアールにモネ、ゴッホやドガの部屋があり、画を眺めていると、男性トイレのように、その高さがあることに気付く。

Mr&Mrs.David Gilbert Hamilton Memorial Roomというようなプライベートコレクションを寄贈した方々の部屋が次々と、文化のあり方を考えさせられる。後述するワシントンは「国会議事堂のあるメインストリートに、十八からなるスミソニアン博物館群が並んでいて入場無料。文化の国家における位置付けが感じられる。「行政が残せるのは文化」との信念のもと、文化省を創設し、文化財だけではなく、他省庁の所管である伝統工芸、グルメ、国際交流など総合的な機関を再編成する必要があるのではと僕は強く思う。

奥に進んで行くと、中国と背中合わせに日本の品々が並んでいる。意外にも室町時代の宝篋印塔が出迎え、土偶や埴輪、僧形や風変わりな平安仏に根来などが並んでいる。お馴染みの浮世絵は、日本人用か?低い位置に展示され、さらに奥には、中世の大壺（どうも時代がおかしい？）や、屏風が低い位置に並び、雰囲気ある空間があった。有名な安藤建築の設えだった。

今回の一つの収穫は、これから訪ねたどの美術館にも、床の間の展示室があったことだ。掛け軸は床の間用のアイテムであり、当たり前のことを、いかにして伝えるか、我が国の専門家は留意しないことが多い。そのうちに、床の間が日本オリジナルと、知らない世代が現れるように思う。

ここは、正面の簡素で低層な外観と対照的に、京都の鰻の寝床みたいに、行けども奥があり、印象派の足慣らしのつもりが、一日かけてゆっくり堪能する。ピカソ、ルオー、マチス、ミロ……外がぬけた所もあり、ジャコメッティの光背のように、摩天楼のビル群がぴったりと収まっていた。

◎ワシントン

翌朝目覚めると、吹雪だった。案の定飛行機の出発は遅れ、ワシントンに着き、その足で特別展「宗達　創造の波」が行われているアーサー・M・サックラー美術館(フリーアに並んである)へ向う。物凄い寒さだが、澄んだ青空で、はやる気持ちは、地下鉄の難しい券売機にイライラさせられる。荷物を預けて階下に下っていくと、いきなりあれが目にはいった。僕は一瞬にしてクラクラ、座り込んでしまった。松島図屏風? これは展覧会サブタイトルのMaiking Wavesの方が相応しい。

フリーアの詳しい経過については、目の眼(2016年1月号掲載)の「世界規模の宗達展」に譲るが、そこで「言祝ぎの海」とあるように、元は発注者の「海岸」や「荒磯屏風」のニュアンスで呼んではいたのだろう。この屏風を一目見れば、作品名や後の厄介な解釈を吹っ飛ばす生命観がある。右隻から左隻へ、荒波はときには激しく岩に当たり、一瞬にしてはじけ小さく静かなる。再び生まれたかと思うと、激しさは止まらず、渦は何重にも、僕は、「ああ、これは宗達の自画像、一生の秘めた姿だ」と直覚した。

彼は波を人生に例えたのだ。渦の巻き方は気質であり個人差で、人生に壁があるように、白波が、ときに岩に当って。はじけた波を食って、さらに膨れ上がるのは、個々の成長度合いだ。小波は、大海にもまれながら、ときに大波に果敢にいどみ、暴れ、はじける。人生の生命力とは、どれだけはじけて、暴れる機会があるかではなかろうか。

岩や瀧、木々を神々と崇めたように、宗達は、厳島の神や海幸彦と交わり、西行や源氏など我が国の古典と触れ合ったのである。自然から生まれ、ときに屈折した宗達は、独自の構想力とタッチで、大海の主となったのだ。自分を波の中に表現し、左隻中央の波にいたり、中世土一揆のような激しい内面を、自画像として大波に秘めたのだ。彼は鏡板に模した松の前で、「住吉」を舞ったのだろうか? 破格外の自分を隠し、引き立て役に徹した宗達が、師光悦から、抜け出た瞬間なのである。僕は、乾く喉を唾で補い、舌なめずりして、荘厳雄大な宗達と泳いでいた。

松島図屏風の波をアップにして、白い布にプリントしたスクリーンの先に展示されている。
俵屋宗達／〈松島図屏風〉／左隻部分／ 1600年代初期／紙本着色／六曲一双／ 各166 × 368.8cm／フリーア美術館

Freer Gallery of Art Gift of Charles Lang Freer, F1906.231-232

想像以上、バクバクの心臓をおさめようと、重たい腰をあげて、次にすすむと、ベルリンや、クリーブラントなど、世界各地から宗達の逸品が集まっていた。光悦との合作の鹿も柔らか、ボルチモアの美術館に収まっている鈍翁旧蔵は色っぽくたまらないのだが、天才の真髄の後には、余技でしかない。階下には宗達学校である伊年の作品が並んでいた。これまた曲者である。おそらく、今ほどに作者のサインや作品名に重きがなく、いずれも後世の産物のようにさえ僕には思える。それだけ宗達は、繊細は感覚と優雅な情緒、そしてバサラ的な激しさをもあわせもった風流人であったと思う。飛び抜けたものが、あとの駄作をひっぱったのだ。双竜図をいくら眺めても、僕には松島図と並んでくれない。頼まれて嫌々描いたようにさえ見える。ぼけた龍の面構えに、とりあえずやってます、というようなたらしこみ。気が入っていないのだ。

先般、京都国立博物館の琳派展は、大盛況であったと聞くが、宗達の宗達たる由縁は、琳派に非ず、個性的な、孤りきりの境地だ。本展でも、後の光琳などと比較され

俵屋宗達〈童子仔犬図〉1600年代初期／紙本着色／203.4×60.8㎝／フリーア美術館

Freer Gallery of Art and Arthur M. Sackler Gallery, Smithsonian Gift of Charles Lang Freer, F1906.231-232

ていたが、僕がはっきりわかったのは、宗達と宗達風とは明らかに違うのであって、後の世が崇めることにより、後継者としての拍付けに利用されたと言ったら言い過ぎだろうか？

松島図は、屏風の利点、つまり折れ曲がりを最大限に生かし、波の動きの奥行きを計算し、巧妙至極な構図の中におさめたのだ。遠く離れても波は動き、無音の音がして、彼は神遊びしているのだ。光琳は計算し尽くして上手いのだが、戯れ遊ぶことが少なかったように僕には感じる。「犬と童女」（120頁）は、宗達の娘と愛犬に違いない。一瞬で配置を決めて、自在に自分の気持ちが筆に成る。瞬時即永遠とでも言ったらいいか、犬を描いたら世界一の宗達なのだ。

◎フィラデルフィア

翌日、米国の新幹線？でフィラデルフィアに日帰り。一時首都が置かれていた古都は、市民マラソンの日で、大回りしてフィラデルフィア美術館に。お決まりの印象派は、人影まばらで独占状態。印象派の作品はこんなに沢山あるのに、世界で一つの盃と比べて法外な価格は、一体何なんだろう？と戯言である。ここで一番の関心は、フランス中世のアビーや、中国明朝の宮殿、そして日本のお寺や茶室まで、中味丸ごと移築していることだった。ある部分切り取れば、ここがどこか不明な完成度で、現実生活と離れた美は存在しないことを示している。

近くには、日本の美術館で、百万人もの記録的な来場者があったバーンズコレクションの美術館があり、コレクターが、愛してやまない名画を、こだわりにこだわって、壁一面に貼付けていた。やはり、美は狂人と紙一重なんだ。古い農具？や把手を使い、画に合わせ掛けられ

上：フィラデルフィア美術館内に作られた茶室。茶室は、1917年、東京に建てられたもの。設計は仰木魯堂で1957年にフィラデルフィア美術館に移設。庭や生け垣まで細部にわたっている。 下：阿弥陀如来坐像が置かれている建物は、かつては奈良県片桐村に1398年建立、17世紀後半修復された法隆寺末寺である正福寺。1928年解体時に購入し復元したもの。フィラデルフィア美術館

ているのだが、ルノアールやセザンヌの洪水で、呆れるほど嫌味ではある。が、いわゆる作品解説や、キャプションはなく、自宅に招かれている居心地の良さがあった。ソファーにもたれて独酌し、一晩過ごせたならと思うが、ここでもやはり生活と美は、直結していたのである。

バーンズの二階へ上がると、壁にマチスの「ダンス」が埋め込んであった。宗達展を企画された古田亮先生も著書の中で触れているが、マチスと宗達の共通性、ダンスやジャズの考察に共感出来ることが多い。二人の「栄はす」展覧会、実現出来たらと思う。他にもドガのデッサン、セザンヌの微妙な黒などが、宗達と重なって見えてくる。浮世絵の影響と言われて久しいが、彼らはタッチだけではなく、もっと深いものを見ていたに違いない。東洋と言う異文化の刺激だけではない、日常性にある枯淡に豪壮、幽玄という内面に深く踏み込んだように思う。

◎ボストン

定番のエアポートホテルから地下鉄で、ファインアートミュージアム駅を目指す。訪問した各都市は、イエローやグリーンなど路線図がはっきりと、わかりやすいが、ボストン美術館へ通じるグリーンと、ブルーの交わる駅が改修中で、小さなトラブル。地下鉄の良いことは、都市の様子が現れることだろう。ここは学生の街に相応しく、若者が多かった。

美術館は駅前にあり、分かり易く分類してあって、申し分ないのが詰まらなかった。期待が大きかったことがあったのかも知れないし、名品の消化不良をおこしていたかもしれないが、フェノロサや岡倉天心が、情熱と魂を込めた軌跡が感じられないことが残念だった。時代は巡り、人は変わっていくが、僕は門外不出のフリーア精神、草創期の心みたいなものを、大事にして欲しいと思う。以前ある雑誌の特集で、憧れの地となっていたのだが、実物のテンプル・ルームや大好きな法華堂根本曼荼羅の実見とは裏腹に、ちょっと失望して、最後の訪問地のニューヨークへ飛んだ。

◎ニューヨーク

朝早く、スキー場のゲレンデみたいな寒さの中を、セントラルパークぞいに北上、アップする。秋深まり落葉して、街はすっかり冬支度万端、クリスマス前とサンクス木曜日の感謝祭で、年最後の輝きがあった。メトロポリタン美術館も人で溢れかえってはいたが、五館の中では図抜けたスケール、ぜひとも我が国に輸入したいソフトである。

日本美術は、メアリー・グリッグス・バークさんが蒐集した仏教美術や、浮世絵を中心に、現代まで幅広く、ここの展示でも、仏像の展示用に立派な須弥壇を建てたり、書院を再現したりと徹底している。先に記したように、今回強く思ったのは、わかりにくい日本美術を理解するには、住空間との関わりや、靴を脱いで座る意味を伝えることが大事なポイントだと、彼らは教えてくれた。作品と呼び、イヤホンの解説をつけることで満足し、ただの標本のように並べただけの、実生活と離れた展示だけでは、日本への理解が深まることはない。代々暮らしの集積とでも言うか、この当たり前のことと、個人コレクターの存在なくては、美は継承されないことを痛感した旅だった。

帰路、早朝のJFK空港に、沈みつつある満月があった。日月の壮麗なる生命観、自然と親しんだ多神的なわが国の儚く純度の高い美術が、ある意味対極たる大陸の、さらに地球のあちこちにあるのは、悪くはないと思う。宗達展は、いいチャンスではないだろうか。

ボストン美術館　白壁に格天井のテンプルルーム。メトロポリタン美術館／三井寺・勧学院の書院を幾分小さくしたもの

百済の古都

二〇一五年、九州国立博物館で「古代日本と百済の交流」展が開催された。百済との交流を伝える石上神宮の国宝・七支刀など、国内の百済関連の遺物のほか、韓国の国立公州博物館、国立扶餘文化財研究所より、韓国考古学最大の発見といわれる公州市武寧王陵出土品や仏教関連遺物などが来日している。その展覧会を拝見するとともに、百済の古都を訪ね、古代日本と百済文化の深い関わりを探った。

其の 2

白馬江。扶蘇山城を左手に、
中央奥には王興寺址がある。

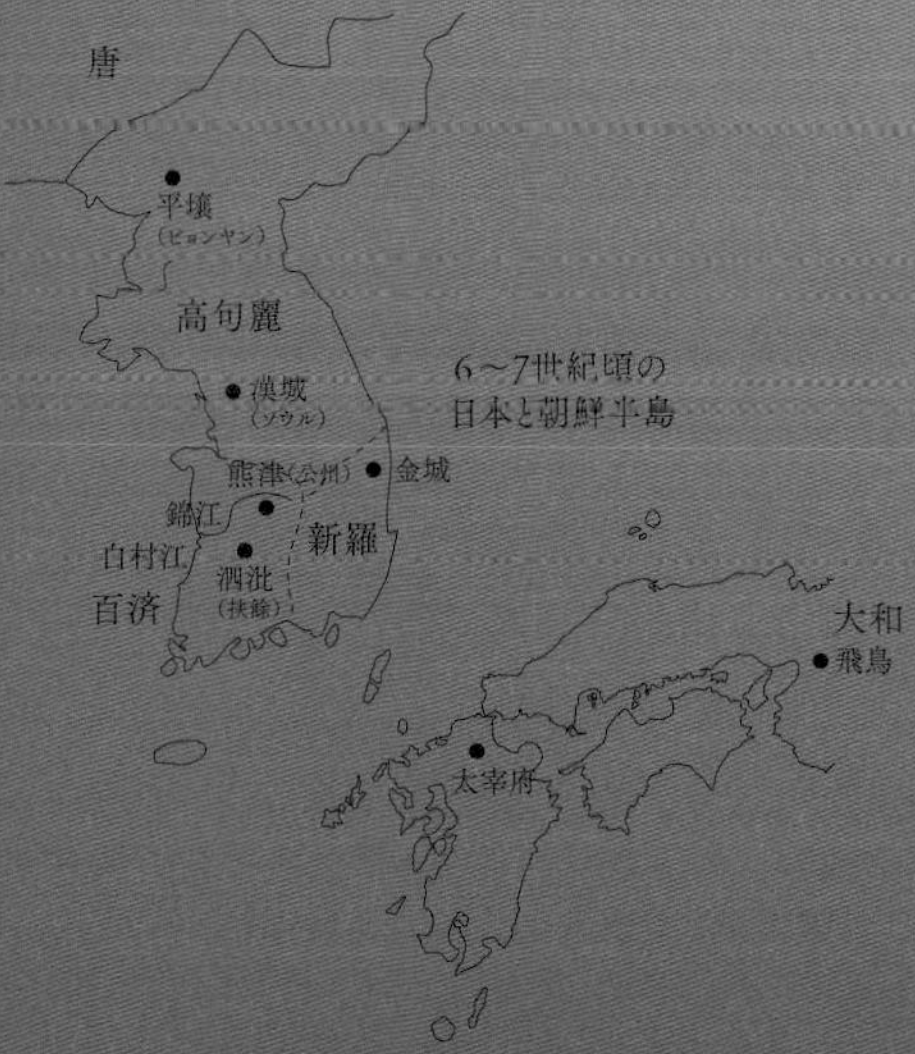

6～7世紀頃の
日本と朝鮮半島

二〇一四年の暮れ、元旦から開かれている本展の内覧会に足を運んだ。西日本新聞社の西本さんの案内で会場に入ると、かの有名な「七支刀《しちしとう》」が、と思ったら残念ながらまだレプリカだった。

門外不出と言われ、展示期間限定だが、見逃してはならない国宝である。白済《くだら》十三代近肖古王《きんしょうこおう》二十七年（四世紀半ば過ぎ）に、「久氐等、千熊長彦に従ひて詣り。即ち七枝刀一口、七子鏡一面、及び機種の重宝を献る」との日本書紀の記録があり、日本最古の道である山辺の道玄関口に鎮座する石上神宮《いそのかみじんぐう》のご神体となっている。が、古事記との差異や、銘文の見解、またのちの広開土王碑《こうかいどおう》の解釈とともに、様々な議論があることは承知している。

僕は史料的な解釈には関心がない。無論、個人的な意見はあるが、より大事なのは、現に残されたモノの「美」と、石上の杜《もり》から何を感じ、考えるかである。神秘的というのか、特異なかたち、古代「武の王」として君臨した物部《もののべ》氏は、僕らに何を伝えたかったのであろうか。

百済は、紀元前後、扶餘《ふよ》族から分かれた初代温祚王《おんそおう》が、漢城（現・ソウル）に都を置いたことに始まる。百済と大和政権との交流は、概ねさきの近肖古王の時代から開始、第二十二代文周王が、五世紀の半ば過ぎに都を熊津《ゆうしん》（現・公州）に遷すと、高句麗との対立から日本との親密度を増していく。熊津時代、百済は中国とも友好関係を結び、第二十五代武寧王《ぶねいおう》（諡号で名は斯麻《しま》、あるいは隆）は、二十三年もの在位期間中、国力を伸ばし、国際的地位を高め、その子の第二十六代聖明王は、百済中興を果たし、二代約六十年間、百済文化の黄金期をむかえた。今回、韓国考古学史上最大の発見（一九七一年）と言われている公州宋山里《そうざんり》の武寧王陵墓から、日本初出陳となる韓国国宝の墓誌（129頁写真）などの遺物が、次の間に陳列してあった。

まず、右手のガラスケースに収まっている韓国国宝に指定されている獣帯鏡（127頁写真）が目に留まる。前述した「七子鏡」に当たるのではと推測されているものだが、同手ものが近江国の神体山である三上山麓の古墳から出土している伝来に僕は注目する。

近江国は、前方後円墳が最も早く造営された地域であり、渡来人が多く移り住んだ地である。近江に朝廷を置いた天智天皇が学識頭、今の国立大学長のような立場に任命した鬼室集斯《きしつしゅうし》一族が移り住んだのも、三上山を西に拝む蒲生野一体だった。白村江のことは後述するが、近江朝の中心を担ったのは、百済滅亡後に来日した百済王家の官僚たちであった。

目を左手に転じると、かの墓誌石があった（129頁）。この銘文により、墓の主が判明したのであるが、僕が興味を持ったのは、発卯年（五二三年）五月に崩御して、乙巳年（五二五年）八月に、大墓に安置したことである。

つまり、死後二年三ヶ月の「殯」の期間があったことだ。殯は、我が国でも行われていた葬儀儀礼で、死者を本葬するまでのかなりの期間、棺に遺体を仮安置し、別れを惜しみ、死者の霊魂を畏れ、祈ったのである。

倭建《やまとたける》の白鳥伝説にみられる長恨歌のように、死者に対する思いの深さが感じられる。同じく発見された王妃の墓誌にも、武寧王死後三年後の五二六年に亡くなり、同

韓国国宝／獣帯鏡 大韓民国・公州市武寧王陵出土／三国時代（百済）・6世紀／国立公州博物館

獣帯鏡／伝滋賀県三上山下古墳出土／古墳時代・6世紀／九州国立博物館

じ殯期間を経て改竄されたことが銘文から解る。こうした習俗があった事実と、昨今の脳死移植は、「霊魂不在」であることを、深く心に刻んで欲しいと僕は思う。

公州は、ソウルから南西へ百三十キロほど、錦江《きんこう》をひかえ、山々に囲まれた人口十二万余の地方都市である。内覧会後、九州から韓国へ渡り、翌日、極寒の中、町の中心からほど近くにある武寧王陵を初め計七基の王と王族の墓が群集する宋山里古墳群を訪ねる。発掘後、綺麗に整備され、墳墓周辺は散策出来るようになっていた。処女墳そのままの姿で発見されたこともあり、百八種類、四千六百点余りの内、国宝十七点という質の高さを誇っているが、どちらかと言えばこじんまりとしている。またそれが幸いし、王陵の伝説地に関わらず、長い間発見されずにいたのかもしれない。

付属の施設には、中国、梁の支配階層を模して築造された王陵内部が見事に再現されていた。表面に蓮華や格子縞模様を施し、四神図が描かれた壁画古墳内部は、丁寧に焼かれた煉瓦が一つ一つ積み上げ玄室を構築しており、建造物としての技術の高さが感じられる。当時の発掘写真を見ると、墓を護る想像の動物、石獣が立ったままで、墓誌石を調べる調査員の先に、石棺らしきものがある。僕は考古出身なので、未盗掘が確認された上に、墓の主が武寧王とわかったときの発見者の興奮が伝わってくるようだった。

王墓から奥へ進むとある公州国立博物館は、現場の感動がそのまま伝わって来る配置だった。石獣に迎えられ、その右手の注意書きに、「今は日本の国立博物館に展示しています」と武寧王墓誌のレプリカが、王妃の本物とそれと並んでいる。展示にはすべて、日本語の記載があり、カタログまで制作されている。九博の本展会場でも同じようにハングル併記されており、交流展なので当たり前と言えばそれまでであるが、小さなことが大事なのだと思う。

本展では王墓のほんの一端が見られるだけ、是非現地に足を運んで、王と王妃の冠飾に耳飾、勾玉の帽子形装飾など、質の高い金製品を味わって欲しいと思う。金銅の飾履《しょくり（かざりくつ）》は、藤ノ木古墳出土のそれとそっくりであるし、王と王妃の大きな棺の材質は、水に強いため風呂用具に珍重されている日本特産の高野槙が使われていた。

日本書紀によると、武寧王は佐賀県唐津の加唐島《かからしま》生誕

西暦	天皇	日本	百済
372		百済肖古王が七枝刀1口、七子鏡を献じる［神功紀52年条］	
384			東晋より仏教伝来
475	雄略		高句麗の南進により、漢城から熊津（公州）に遷都
523	継体		武寧王崩御［武寧王墓誌］
524			聖明王即位
538		百済聖明王より仏教経論が贈られる（仏教伝来）	泗沘城（扶餘）に遷都
548	欽明	高句麗侵攻による百済救援のため、370人を送って築城を助ける［紀］	
552		百済聖明王より仏像・経論が贈られる	
554		百済の要請により、新羅と戦う	聖明王戦死
577	敏達	百済より律師・禅師・造仏工・造寺工が贈られる	威徳王、王子供養のため王興寺を建立
593	推古	推古天皇、厩戸皇子を摂政とする（聖徳太子）	
600		遣隋使を隋に送る	武王即位
607		法隆寺建立	
609		止利仏師、元興寺の釈迦如来坐像（飛鳥大仏）を造る	
622		聖徳太子没	
631	舒明	百済王子豊璋、来日	
645	皇極	中大兄皇子、蘇我氏を滅ぼす（大化の改新）	
660	斉明	百済より救援要請	唐・新羅連合軍に滅ぼされる（百済滅亡）
663		白村江の戦いで、唐・新羅連合軍に大敗	

参考：『日本史年表』（東京堂出版）

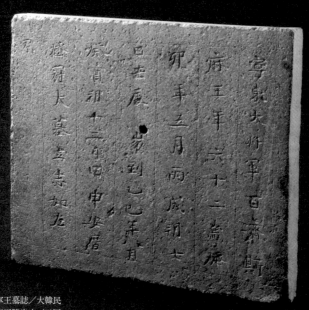

韓国国宝／武寧王墓誌／大韓民国・公州市武寧王陵出土／三国時代（百済）・6世紀／国立公州博物館

上：武寧王陵内部
下：宋山里古墳群

伝説があり、他の文献や墓誌、それに発掘成果がそれを裏付けている。一説には、国宝の和歌山県隅田八幡宮の鏡にみえる、「斯麻」とも一致していたり、さきの鏡と同型が、群馬県の綿貫観音山《わたぬきかんのんやま》古墳等からも出土しているのだ、日本列島に広く、深い交流があったことがよくわかる。さらに、後述する白村江の戦いでは、同じく群馬県の上毛野君稚子《かみつけのきみのわくご》が、二万七千の軍勢を率いて海を渡り、静岡の庵原君臣《いおはらのきみのおみ》が一万余の兵隊と同じく白村江へ渡ったとある。百済最後の義慈王の皇子、余豊璋《よほうしょう》の援軍要請に、天智天皇が応えたのではあるが、強い同盟関係があったことがうかがえる。

本展の会場を進むと、大野城や水城といった福岡に残る百済土木の名残が展示してある。白村江の戦いに敗れ、国家防衛を急いだ天智天皇は、渡来人の協力を得て、瀬戸内海に山城を築き、我が国の窓口である太宰府政庁防衛のため、敗戦の翌年に水城を、二年後には大野城や基肄《きい》城を完成させる。本展企画者の一人である文化交流展展示室長の河野一隆さんは、会場に復元した水城の土層断面を丁寧に解説してくださった。

太宰府をはじめとして、幾度となく訪ねているが、あんなに立派な防護壁が森となって残っていることに僕は驚いた。そして、千二百年以上前の土木技術の高さに、五十年も保たずになくなる現代の建築物や、コンクリートの構造物が果たして先端の技術と呼べるものか、いささか疑問に思えてきた。

最後の第三章「仏がつないだ二つの国」に入っていくと、金銀銅からできた三重構造の舎利容器の美しさに釘付けになった。僕は、五年前に企画した白洲正子の展覧会（『白洲正子 神と仏、自然への祈り』二〇一〇〜二〇一一年 滋賀・愛媛・東京巡回展）に出陳した崇福寺の舎利容器と重なってきて、天智の近江朝は、渡来人の影響を受けた都だったことを改めて考える。海を渡ってきた異国人の込めた祈りと、同質の感覚が近江朝に浸透し、我が国の美的感情に繋がったように思う。秘める事、その伝統が始まった瞬間だったのかもしれない。

一番外側の銅製面には、五五四年に、熊津の下流三十キロ弱の泗沘（現・扶餘）に遷都した聖明王の後を継いだ威徳王が、亡くなった王子の供養に寺を建てたと記されている。威徳王（昌）代は、多くの僧侶、造仏工、造

上：武寧王陵副葬品／三国時代（百済）・6世紀国立公州博物館　下：韓国宝物／舎利容器／大韓民国・扶餘邑王興寺址出土／三国時代（百済）・6世紀／国立扶餘文化財研究所

黒玉首飾／大韓民国・公州市武寧王陵出土 三国時代（百済）・6世紀／国立公州博物館

上扶餘郡・定林寺址／石塔

滋賀県東近江市・石塔寺

寺工、瓦匠が百済から送られ、我が国最初の本格的な伽藍建築である飛鳥寺は、七年の大造営ののち、五九六年に完成した。この舎利容器が発掘された王興寺の完成は五七七年で、共通点が多くみられたのは言うまでもない。両者の繋がりを知る上で、銘文に百済王の名が記された事実は、さきの墓碑と同じく大事なことだが、なぜ三重の入れ子になっていたのか？　墓誌は真ん中に、なぜ丸い穴が開けられたのか、僕には、非常に大切な事のように思える。北極星が天帝へと昇華していく端緒のように感じてくる。

扶餘には、百済時代のほぼ完全な姿を唯一残す、定林《じょうりん》寺《じ》址の石塔がある。近江にある百済人作という石塔寺《いしとうじ》の石塔と比べて思う。密接な繋がりは確かに大事なことなのだが、不思議なことに、決して同じものではないことを併記しておきたい。のちの李朝時代の陶工がひらいた唐津や伊万里焼にも言えることだが、日本の風土が作ってくれる「美」があるのだ。好みはそれぞれだが、石塔の柔らかさは、近江のそれが勝っている。石の材質以上の、湿潤な気候と、ときの産物なのだ。

威徳王の三代後の武王は、日本の推古朝にあたり、日本の仏教文化が開花した時代である。飛鳥寺から、四天王寺、法隆寺と、これは聖徳太子に負うところ大だが、暦や天文学などもこの頃伝えられる。百済は、武寧王時代に儒教を、聖明王時代に仏教を、欽明天皇期の日本へもたらしたが、国の終焉を迎えつつあった。

僕は王興寺の廃寺跡発掘現場に立ち、王宮の北に位置し、逃げ城だった扶蘇山城《ふそさんじょう》を見上げた。六六〇年、唐と新羅の連合軍にあっけなく破れた最後の義慈王に仕えた三千もの官女たちは、連合軍に身を踏みにじられるくらいならと、岩の上から錦江へ身を投げたのだ。後世の人々は、女官の美しさを花に例え、この岩を落花岩と呼んだ。大和に万葉の歌が残り、旅愁を駆り立てるのと似て、弱く光る朝陽が川面に反射し、昔を偲ばせてくれる。この三年後、日本から援軍が駆けつけ、唐の水軍と熊津江から白村江にかけて四度戦った。これがいわゆる白村江の戦いで、日本書紀によると、破れた日本の船師《ふないくさ》（水軍）と百済の多くの貴族と民が、海路日本へ向かったという。

旅の最後に、扶餘の街中にある国立博物館に、有名な百済大香炉を拝みに行く。閉館寸前なのに、公州国立博物館と同じく、多くの来館者が居た。同行の韓国の方が、「入館料がフリーだし、歴史の勉強に週末来るのですよ」と言う。

国力とは、文化力に比例すると僕は考えているが、韓国は、GDP比では我が国より下であるが、文化予算はおよそ2・5倍。二千五百億、予算比では一％もあるという。（日本では〇・一一％）企画展しか人を呼べない日本の現状を寂しく思った。もっと門徒を開き、日本のみならず海外の観光客に、同時開催の「日本発掘展」のような考古の成果にも着目して貰えたらと思う。

考古は決して歴史の結果資料だけではなく、一級の精神性と、造形美が備わっていることを、最後に書き記したいと思う。専門家の皆様は、どこどこの位置や地層とかだけに偏らず、美しいモノは「美」として、照明にも留意して展示して頂けないものであろうか。繰り返す。行政として残せる事は文化、だけなのである。

タイムマシン

仏教が伝来したのは五三八年、百済からだと言われているが、仏教を受容しつつ、大化の改新を経て、壬申の乱へ、古代史最大のクライマックスにいたる。かりにタイムマシンがあったら、僕の一番行ってみたい時代である。大和から日本へ、百済の先進文化がなかったら、違う日本の姿になっていたと思う。

法隆寺の金銅三尊像に代表される止利《とり》仏師たち。百済観音に夢殿の救世観音、なんとも言えない懐かしさを感じるのはなぜなんだろうか、とずっと心にとめていたが、百済最後の都である泗沘《しび》(現・扶餘《ふよ》)の扶蘇《ふそ》山城にある落花岩に立ち、錦江《きんこう》(白村江)の川面を見下ろし、対岸の王興寺跡から眺めたとき、僕は確信した。観音像の優しさに潜む哀愁とは、先の岩から飛び降り果てた百済の女官たちの悲劇をうつしたのではなかろうか。日本に渡り、清楚な美女の姿を、供養のために刻んだ仏師たち、僕にはそのように思えてきた。大阪の百済廃寺は、法隆寺を凌ぐ伽藍だったことは発掘から判明しており、日本へ渡った百済の人々は、寺を建立し、佛を彫り、古墳に埋葬されたのだ。

平城遷都千三百年祭りにおいて、天皇陛下は復元された大極殿の前庭にて次のように述べられた。

「平城京について私は父祖の地として深いゆかりを感じています。平城京に在位した光仁天皇と結ばれ、次の桓武天皇の生母となった高野新笠は続日本紀によれば百済の武寧王を始祖とする渡来人の子孫とされています。我が国には奈良時代以前から百済を始め、多くの国から渡来人が移住し、我が国の文化や技術の発展に大きく寄与してきました。仏教が最初に伝えられたのは百済からでしたし、今日も我が国の人々の読まれている論語も渡来人が持ち来ったものでした」

ヘイトスピーチの類が時折問題になっているが、歴史を鏡として生きられないかたがたをかわいそうに思う。このたび、三国の中で、とくに親しくした百済の旧都を訪ねたことで、美術は単なるモノではなく、風景と物語と合わさり、さらに感じる力が増大することを深く感じる。様々なものから影響を受け、日本は形成されてはきたが、日本の風土がまるで違ったモノに変えることをも改めて考えることが出来た。茶道具にしても、同じようなことが言える。鶏龍山の山並みを見て、無性に懐かしさを感じたのであった。

瀬戸の鉱山で原土を持つ

あとがき

歴史を呼び覚ませ

「旅する美」としたのは、各地を巡った体験が、埋れている歴史を呼び覚すことだと僕は信じているからだ。微かに感じられる土地の匂いや、風景の中に、史実には残らなかった祖先の営みが感じられる。本書に記した土地土地には、その場所オリジナルの神様がいらして、固有の積み重ねがあったが、僕がいつも感じるのは、その底辺には縄文時代という、悠久の時間に培われた精神性と、奇跡的の残った「美」が横たわっていると強く思う。

一般に縄文時代の人々は、「毛皮を着て髭をたくわえた野蛮人」というイメージがある。そして、稲作至上主義的な、「大陸から新たな部族弥生人がやって来て、縄文人を滅ぼし、新しい今に続く天皇中心とした国が生まれた」という皇国史観的な歴史が刷り込まれたように思う。つまり、神武以前にこの国の歴史があると、明治の指導者にとって大変困ることになるから、あたかも違う民族のように扱ったのであろう。戦後、その反省からスタートしたと思うのだが、どうもまだ男性優位的な価値観がみられるのは、縄文時代という歴史を蔑ろにしているからだと思う。ちゃんと記紀を読めば、出自の違う様々な、例えば土蜘蛛、国栖、熊襲、越、蝦夷などの国つ神、つまり縄文的な部族と、大陸から渡って来た天孫族とが混血、姻戚関係を結んで国ができたとある。だが、中には土蜘蛛や蝦夷などのように、抵抗し殺されたり、越や出雲のように僻地に封印されるなどそれぞれだった。

昨夜、ストックホルム郊外の十八世紀に建設された王室の居城の中で、最も良く保存されたという世界遺産ドロットニングホルム宮殿に併設された宮廷劇場において、金春流能楽師シテ方櫻間家二十一代右陣さんによる新作能「北斎」を観劇する。本企画はスエーデンとの国交百五十年を記念して開かれ、在日本大使館主催のスエーデン国王カール十六世グスタフ殿下列席という両国の友好関係を象徴するような舞台となった。僕はあわせて企画されたストックホルムを見下ろす高台にある彫刻庭園ミレスゴーデンに於ける「北斎展」に、北斎の百人一首「乳母が絵解き」数点などを持参することで縁が出来たのであるが、場所がかわれども、歴史を思い出す作業がいかに重要なことか改めて感じた。

北斎は、乳母が絵解きとしながら、藤原定家の百人一首を自分流に解釈し、例えば三条院や参議篁のような悲劇のヒロインに光を当てる。その三百年前に世阿弥は、先に記した土蜘蛛を題材にし、また昨夜あわせて上演した「杜若」のように、伊勢物語の主人公である在原業平を取り上げ、お能の物語にしたのである。かつての偉人が、悲劇のヒロインからお能や工芸を創作したように、右陣氏なりの北斎を新作に託したのだ。奇しくも北斎と同年代である一七六六年にルヴィサ・ウルイカ女王により建設され、その子グスタフ三世の時代に全盛期を迎えたこの劇場全体が、大きな弦楽器のように、謡や鼓に笛の音が心地よく、死者の魂に呼応するかのように鳴り響いたのであった。旅することにより見出される「美」は、とくに日本的な美は分野問わずに、やはり歴史という時間が欠かせないもののようだ。

二〇一八年 「杜若」の余韻をストックホルムにて　白洲信哉

インデックス

第一章　神と仏

8　八幡の故郷　宇佐
［初出］宇佐神宮「夏越大祭」と宝物展
宇佐を旅する／二〇一五年十一月号掲載
宇佐神宮のご宝物／大分県立歴史博物館
二〇一五年／撮影：白洲信哉

18　東国の要　伊豆山
［初出］伊豆山逍遥／二〇一六年三月号掲載
特別陳列／銅造伊豆山権現像修理記念
伊豆山神社の歴史と美術／奈良国立博物館
二〇一六年／撮影：白洲信哉

26　円空の淵源　白山
［初出］円空の微笑みと白／二〇一三年四月号掲載
特別展「飛騨の円空―千光寺とその周辺の足跡―」
東京国立博物館／二〇一三年一月十二日～四月七日
撮影：安藤博祥

36　海神の本拠　宗像
［初出］海神の国宝／出光美術館
「宗像大社国宝展」／二〇一四年九月号掲載
宗像大社国宝展―神の島・沖ノ島と大社の神宝
出光美術館／二〇一四年
撮影：宗像大社・白洲信哉

第二章　神と仏

48　三佛寺投入堂
［初出］鳥取三佛寺投入堂 修験の足跡と神仏分離
二〇一五年十月掲載
蔵王権現と修験の秘宝／二〇一五年
三井記念美術館／撮影：安藤博祥

58　ご神像
［初出］神像を視る／二〇一三年五月号掲載
「国宝 大神社展」／東京国立博物館
二〇一三年／撮影：安藤博祥・鈴木誠一

66　四国お遍路
［初出］四国お遍路 空海と、故郷の信仰と
「空海の足音 四国へんろ展」二〇一四年十一号掲載
四国霊場開創一二〇〇年記念／空海の足音
四国へんろ展〈高知編〉／高知県立歴史民俗資料館
二〇一四年撮影：白洲信哉

74　西大寺叡尊と五輪塔
［初出］西大寺中興の祖 叡尊と巨大な五輪塔
二〇一七年四月掲載／撮影：白洲信哉

第三章　白洲正子の足跡を追う

88　「春日の春日の国」を巡る
［初出］白洲正子「春日の春日の国」を巡る／二〇一七年二月号掲載
特別展「春日大社 千年の至宝」東京国立博物館
二〇一七年／撮影：白洲信哉

96　湖北の仏
［初出］井上靖、白洲正子が愛でた湖北の仏たち
二〇一六年八日号掲載
観音の里の祈りとくらし展Ⅱ―びわ湖・長浜のホトケたち―
東京藝術大学大学美術館／二〇一六年／撮影：白洲信哉

104　かくれ里の秘仏
白洲正子 近江かくれ里の秘仏／二〇一六年十二月掲載
特別展「平安の秘仏―滋賀・櫟野寺の大観音とみほとけたち」
東京国立博物館／二〇一六・二〇一七年／撮影：白洲信哉

第四章　海外にて

114　米国「美」の殿堂
旅する美 米国における日本美術
二〇一六年二月号掲載／撮影：白洲信哉

124　百済の古都
百済の古都を訪ねて／二〇一五年三月号掲載／撮影：白洲信哉

目の眼BOOKS 1

旅する美

二〇一八年八月二七日　初版第一刷発行

著者　白洲信哉
発行者　櫻井恵
発行所　株式会社 目の眼
東京都港区麻布十番二・五・十三・四階
電話 〇三・六七二一・一一五二
https://menomeonline.com

アートディレクション　白洲信哉
カバーデザイン　小池憲治
本文デザイン　川島卓也・大多和琴（川島事務所）
編集　井藤丈英・安藤博祥・小林后子（目の眼）
写真　白洲信哉・安藤博祥

印刷・製本　昭栄印刷株式会社

Printed in Japan　ISBN 978-4-907211-14-1